项目式学习引领

现代学校治理的新模式构建与实践探索

王金发/主编

名师·名校长领航书系
MING SHI MING XIAO ZHANG LING HANG SHU XI

H.P.H 哈尔滨出版社
HARBIN PUBLISHING HOUSE

图书在版编目(CIP)数据

项目式学习引领 ：现代学校治理的新模式构建与实践探索 / 王金发主编. -- 哈尔滨 ：哈尔滨出版社, 2025. 5. -- ISBN 978-7-5484-8556-8

Ⅰ. G47

中国国家版本馆CIP数据核字第2025A867T1号

书　　名：项目式学习引领：现代学校治理的新模式构建与实践探索
XIANGMUSHI XUEXI YINLING：XIANDAI XUEXIAO ZHILI DE XIN MOSHI GOUJIAN YU SHIJIAN TANSUO

作　　者： 王金发　主编
责任编辑： 滕　达
装帧设计： 领航明师

出版发行： 哈尔滨出版社（Harbin Publishing House）
社　　址： 哈尔滨市香坊区泰山路82-9号　　**邮编：** 150090
经　　销： 全国新华书店
印　　刷： 北京鑫益晖印刷有限公司
网　　址： www.hrbcbs.com
E－mail： hrbcbs@yeah.net
编辑版权热线：（0451）87900271　87900272
销售热线：（0451）87900202　87900203

开　　本： 787mm × 1092mm　1/16　**印张：** 12.75　**字数：** 219千字
版　　次： 2025年5月第1版
印　　次： 2025年5月第1次印刷
书　　号： ISBN 978-7-5484-8556-8
定　　价： 58.00元

编　委　会

前言

FOREWORD

在当今教育改革的浪潮中，学校作为培养未来社会栋梁的摇篮，其治理模式与教学方式正经历着前所未有的变革。东莞市寮步镇外国语小学，作为一所秉持创新教育理念、勇于探索现代教育路径的学校，近年来在教育教学实践中取得了显著成效，尤其是在项目式学习（Project-Based Learning，简称PBL）的引入与融合方面，走出了一条独具特色的现代学校治理新模式之路。本书《项目式学习引领：现代学校治理的新模式构建与实践探索》正是对这一探索历程的全面总结与深入剖析。

一、教育改革背景下的学校治理挑战

随着全球化、信息化的加速，社会对人才的需求发生深刻变化，教育需从知识传授转向能力培养、价值观塑造和个性发展。这对学校治理模式提出更高要求，需构建以学生为中心的现代教育生态系统。东莞市寮步镇外国语小学地处改革开放前沿，深感教育改革之迫切。学校领导认识到，必须打破传统框架，探索新型治理模式。在此背景下，项目式学习以学生为中心、跨学科整合、注重实践与创新的特点，成为学校关注的焦点。该方法旨在激发学生潜能，促进教师专业成长，增强学校与社会互动，为培养具有创新精神、实践能力和国际视野的人才提供新路径。

二、项目式学习：教育理念的创新实践

项目式学习源于对教育本质和时代需求的深刻洞察，鼓励学生围绕真实问题开展探究式学习，通过设计方案、实践、展示等过程，培养批判性思维、创新能力和团队协作能力。此过程极大地提升了学生的学习兴趣和自主性。学校

在引入项目式学习时，并未完全照搬外国模式，而是结合本校实际，进行了本土化、创新性的实践，使项目式学习更好地服务于学生的全面发展。

（一）探索基于项目式学习的学校治理

1. 探索基于项目式学习的教师团队构建

（1）构建教师共同愿景。学校以“寮外向未来”为共同愿景，通过营造舒适工作环境、实施“暖胃工程”、加强课程建设等措施，提升教师的归属感和幸福感，凝聚团队力量。

（2）创建学习型教师团队。学校创建学习型研修团队，管理转型营造幸福工作氛围，明晰教师成长路径，鼓励教师脚踏实地。同时，学校依托全课程李振村专家团队、李健教授专家团队以及校内省级名师工作室，引入先进课程理念，为教师提供个性化成长规划，发挥名师示范引领作用，全面提升教师专业素养。

（3）开展研修突破瓶颈。在研修方面，学校以案例研究为突破口，大、小课题互相策应，形成浓厚的科研氛围。学校通过主题培训提升教师的成就感，促进其积极反思。此外，学校还开展主题式读书活动，精选书籍，促进教师深入思考，提升其教学认知。

这一建设路径不仅提升了教师的专业素养和教学能力，也推动了项目式学习的深入实施。

2. 探索基于项目式学习的分布式领导治理

分布式领导以正式领导为核心，通过集体领导的形式，充分挖掘年级内的优秀人才。在项目中，我们采用了领衔式、商议式、介入式、主导式、活动式、融合式和自导式七种领导方式。

分布式领导治理模式的实践，充分激发了年级内每个成员的潜能和创造力。领导角色根据项目需求和成员能力动态调整，使得年级工作更加高效、灵活。同时，这种模式也促进了年级内的团队协作和沟通，增强了年级的凝聚力和向心力。

3. 探索基于项目式学习的课程管理

探索基于项目式学习的课程管理，力求解决课程管理低效问题。从顶层规划到落地实践，项目式学习课程管理遵循一条清晰的路径。

首先，顶层设计确立核心理念——自立、自主、自强、自信，这是学习的基石与动力。

其次，中层设计明确主题方向，聚焦于认识自我、挑战自我、超越自我，引导学生深入探索内在潜能。

最后，实践环节则采取循序渐进的方式。

（1）低年级主题活动：“我是一个棒小孩”和“做最好的自己”。

（2）中年级主题活动：“变化的我们”和“英雄的旅程”。

（3）高年级主题活动：“我们的长征路”和“当生活遇见苏轼”。

这一管理模式不仅注重顶层战略规划，还强调中层主题的深化与实践的逐步推进，确保每一步都紧密相连，形成完整的学习闭环。项目式学习以其独特的实践性和参与性，让学生在挑战中提升自我，在体验中实现全面发展，让学习之旅更加生动、有效且充满魅力。

（二）探索基于项目式学习的年级治理

我校针对级部工作存在的琐碎、缺乏主动性等问题，创新性地实行了年级项目式活动，以年级为单位，集合备课组和班主任力量，将常规管理和教育教学工作相结合，以项目方式开展。

年级项目式活动围绕学生核心素养，确立与学生年龄认知和能力发展相适应的年级主题。活动以全学科阅读为线索，通过阅读相关书籍，再分步开展多种形式的学科融合项目活动。从一年级的“我是一个棒小孩”到六年级的“当生活遇见苏轼”，每个年级的项目主题都紧密结合学生的年龄特点和发展需求。

年级项目式活动的开展，让级部工作有了聚焦的重点和核心，也提升了级部管理工作的主题引领高度和辐射教学与德育的广度。这种治理模式不仅促进了师生的共同成长，还有效增强了年级团队的凝聚力和专业性。

（三）探索学科融合式项目式学习实践

在学科教学方面，我们开展了学科融合式项目式学习实践，下面以五年级的“西游人的修心之旅”项目式学习为例。

在“西游人的修心之旅”项目式学习实践中，我们五年级语文备课组大胆尝试了学科融合的教学模式，将语文、美术、信息技术、音乐等多学科元素巧妙融合，为学生打造了一场别开生面的阅读盛宴。

项目以共读《西游记》为核心，通过设计“我读原著、我编剧本、我演课本剧、我话西游人”四大活动，引导学生深入探索文本，理解人物，感悟成长。

此次实践也让我们认识到，学科融合不是简单地拼凑，而是需要深入挖掘各学科之间的内在联系，找到融合的切入点和路径。

（四）探索基于项目式学习的研学实践

在这片教育的沃土上，我们开展了“我是一个棒小孩”成长之旅项目式学习。该项目以项目式学习为框架，旨在通过一系列实践活动，引导孩子们认识自我、悦纳自我，并学会欣赏他人。项目以绘本《妈妈下了一个蛋！》为引子，激发孩子们的自我认知兴趣。通过佛灵湖自然探索、校园寻宝等活动，孩子们学会了团结协作，懂得了尊重感恩，锻炼了智慧勇气。最令人难忘的是校园露营之夜，孩子们亲手搭帐篷、绘画、分享观影感受，变得勇敢独立。此次项目不仅让孩子们在体验中成长，还培养了他们多方面的能力。未来，我们将继续深化研学实践，为孩子们提供更多元化的成长体验，助力他们不断前行。

（五）探索基于项目式学习的课堂教学新样态

随着教育理念的不断革新，项目式学习逐渐成为引领课堂教学的新样态。在我校，我们积极探索并实践了基于项目式学习的课堂教学新样态，全纳课程涵盖了全息语文、智趣数学、沉浸英语、奇妙科学、多彩艺术、活力体育以及全学科德育七大课程领域，以此实现项目驱动（见图1）。

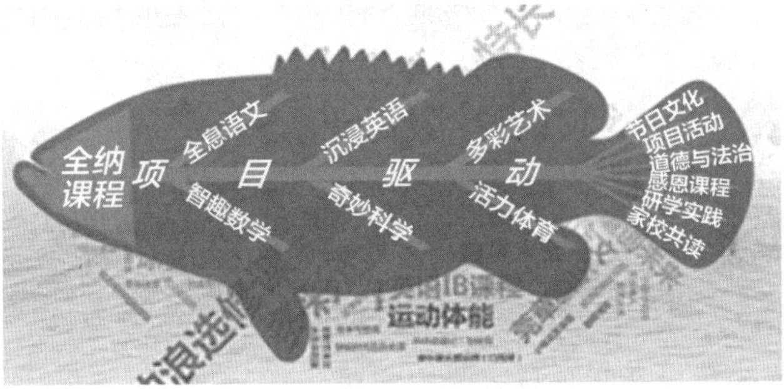

图1　基于项目式学习课程

1. 全息语文——母语育人

全息语文是基于全息理论，整合全方位语文资源，构建开放课堂结构，打造立体学习空间，促进师生全身心参与、深度学习，提升语文核心素养的教学体系。我们的实践分类为：

（1）基于大单元的语文课堂教学——整体思维；

（2）整本书阅读教学策略研究——高阶思维；

（3）基于项目式学习的语文课堂——项目式活动；

（4）小学语文教育戏剧——具身学习；

（5）语文学习任务群的建构与实践——深度学习。

2. 智趣数学——数理育人

智趣数学是一种数学教育理念、教学主张、教育追求和实践常态。智趣数学倡导以智启慧、以智怡情、以智明理，积极营造“智趣合一”的教学氛围，倡导教师“智趣同构”的教学艺术，努力发掘学生的“智趣潜质”。

智趣数学从低到高分为启蒙数学、趣味数学、思维数学，同时从建构数学智慧乐园、构建数学文化课堂、开发小学数学魔术、开展数学结构化教学四个方面推进教学实施。

3. 沉浸英语——融合育人

受母语教学启示，我们构建了“沉浸英语课堂”——一个英语教育的综合体系。

“英语校园文化节”，彰显了丰富多彩的校园活动；“外籍教师口语课程”，强调了优质师资在英语口语教学中的重要性；“传统文化课程探究”，体现了英语教育与本土文化的深度融合；“英语分级绘本阅读”展示了针对不同水平学生的个性化阅读方案；“全纳视角预备课程”，强调了教育的公平与包容性；“英语教育戏剧”，展现了英语教育具身学习的趣味性和实践性。

4. 奇妙科学——科创育人

奇妙科学课堂是一种富有创造力和趣味性的教学方式，它旨在通过探究式教学、跨学科融合、个性化教学等方式，激发学生对科学的兴趣和探索精神，培养他们的科学思维能力和解决问题的能力。奇妙科学，实现科学阅读课、实验课、观察课、操作课、探究课“五课共构”形态，形成了一个和谐统一的整体，揭示了科学教育的多元性和全面性。

（1）科学阅读课，强调了通过阅读来获取知识、理解科学原理的重要性；

（2）科学实验课，突出了实验在科学学习中的实践性和探索性；

（3）科学观察课，强调了观察作为科学探究基础的作用；

（4）科学操作课，体现了动手操作在提升科学技能方面的价值；

（5）科学探究课，鼓励学生在科学领域进行深入的探索和研究。

5. 多彩艺术——美学育人

“多彩艺术”强调艺术的多样性和丰富性，通过不同的艺术形式，让学生感受艺术的美妙和力量。“多彩”代表了艺术形式的丰富多样，包括绘画、音乐、舞蹈、戏剧等。在实践中，我们进行了简单的划分，即听觉艺术、表演艺术、视觉艺术、实用艺术等，以便实践教学操作。

6. 活力体育——健康育人

活力体育是指在小学体育课上，通过一系列丰富多彩的教学活动，激发学生的体育兴趣，培养学生的健康意识和体育素养，从而促进学生的身心健康发展。活力体育以游戏为主导，采用多样化、趣味化的教学方式，注重体验与认识相结合。“活力体育”主要包括四个分支：基础知识、运动技能、兴趣培养以及体育学科。其内容涵盖基础体育、特色体育（武术、冰滑项目、球类）、主题体育运动会。

7. 全学科德育——全面育人

我们倡导全学科德育，同时积极实施道德与法治课程、感恩课程、项目式学习活动（项目活动）、研学实践、节日文化课程、家校共读课程，构建立体德育课程（见图2）。

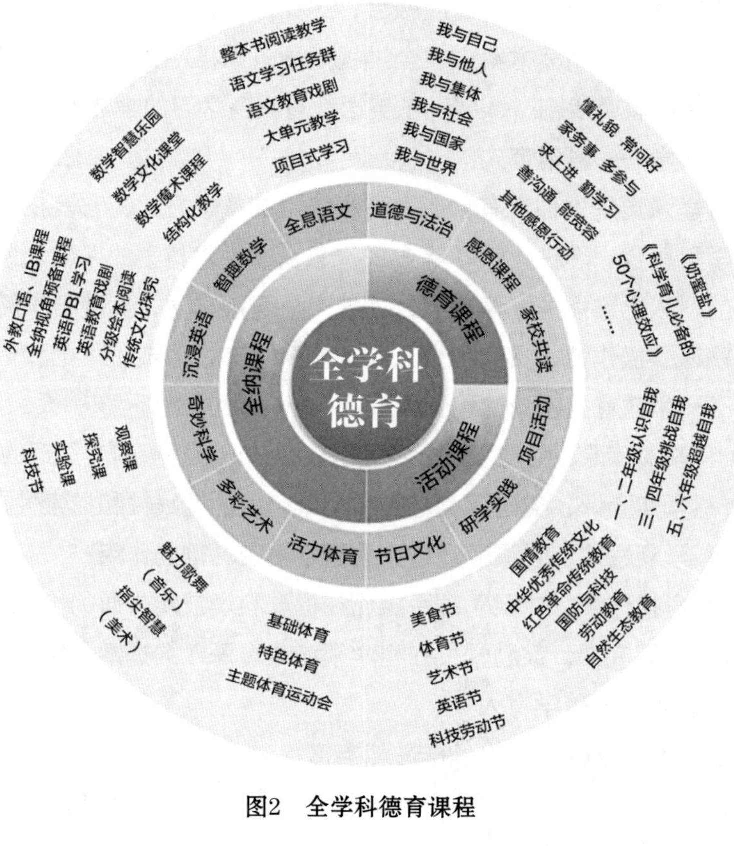

图2　全学科德育课程

各个学科，从学科内部实施突破，开展针对不同个性、需求、爱好的教育教学。而学科之间，我们通过项目式学习，打破学科之间的壁垒，实现有效的融合教育。

除了以上七大课程外，我们还开创了170余门选修课和430个课程，这些课程是“基础+特色+特长”的组合，成就了冲浪多彩选修、实现无限可能的愿景。

项目式学习引领下的课堂教学新样态，不仅激发了学生的学习兴趣和主动性，还培养了他们的创新思维和实践能力。

（六）探索基于项目式学习课程的迭代升级

自2018年起，我们开启了项目式学习的实践之旅，从1.0到3.0版本不断迭代。1.0版本的“端午文化之旅”以综合性为特点，引领学生深入探究端午文化，拓宽知识视野。2020年，我们迅速推出2.0版本线上课程，跨学科融合，保持学习的连续性，引导学生关注社会。2022年，我们进一步深化，推出3.0版本年级项目式学习体系，以学生成长为主线，设定认识自我、挑战自我、超越自我主题，紧密结合学生年龄特点和认知规律。

三、基于项目式学习的学校治理反思

经过几年的实践探索，我们学校在项目式学习引领下的学校治理新模式构建方面取得了显著成效。更重要的是，这一探索过程为现代学校治理提供了新的思路和方向。它证明了项目式学习不仅是一种有效的教学方法，更是一种能够引领学校治理模式变革的教育理念。它要求学校以更加开放的心态、更加灵活的机制、更加创新的文化来应对教育改革的挑战，为培养适应未来社会需求的优秀人才提供有力支撑。

目录

CONTENTS

上篇 SHANGPIAN 学校治理新视角——项目式学习的理论探索

下篇 XIAPIAN 项目式学习管理——学校治理的实践篇章

上篇

学校治理新视角——项目式学习的理论探索

第一章 理念体系

第一节 学校治理的现状与挑战

一、学校治理的现状

随着教育改革的不断深化和社会环境的快速变化，学校治理正面临着前所未有的挑战与机遇。当前，学校治理呈现出以下几个主要特点：

1. 组织结构日益复杂

现代学校不再是一个单一的教育机构，而是集教学、科研、社会服务等多功能于一体的综合性组织。这种复杂性要求学校治理必须具备更强的适应性和灵活性，以适应不同功能模块的运作需求。

2. 治理主体多元化

除了传统的学校管理层，家长、学生、教师、社区成员乃至社会各界都逐渐成为学校治理的重要参与者。这种多元主体共治的模式，虽然增强了学校治理的民主性和开放性，但也带来了利益协调、意见整合等方面的难题。

3. 信息化程度提高

信息技术的快速发展为学校治理提供了新的手段和工具。通过信息化手段，学校可以更高效地管理教学资源、提升教学质量、加强师生沟通等。然而，这也对学校的信息安全、数据治理等方面提出了新的要求。

4. 注重内涵式发展

随着教育资源的日益丰富和教育竞争的加剧，学校治理逐渐从外延式扩张转向内涵式发展。这意味着学校需要更加注重提升教学质量、科研水平和社会服务能力，从而在竞争中脱颖而出。

二、学校治理的挑战

尽管学校治理在不断发展进步，但仍面临诸多挑战。这些挑战主要来源于以下几个方面。

1. 治理理念的更新与转变

传统的管理观念往往注重权威和控制，而现代治理理念则更加强调合作、共享和共赢。因此，学校治理需要不断更新和转变治理理念，以适应时代发展的需要。例如，从单一的行政命令式管理向分布式领导转变，就需要管理者和教师具备更强的协作意识和创新能力。

2. 治理机制的完善与创新

现有的学校治理机制在应对复杂多变的教育环境时，往往显得力不从心。因此，学校需要不断完善和创新治理机制，以适应新的发展需求。例如，可以建立更加灵活的决策机制，让更多的利益相关方参与到学校决策中来；可以建立更加有效的激励机制，激发教师和学生的积极性和创造力。

3. 治理能力的提升与建设

治理能力是学校治理的核心要素。然而，当前许多学校在治理能力方面还存在不足。例如，部分学校管理层缺乏现代管理理念和方法，导致决策效率低下、执行力度不足；部分学校教师缺乏参与治理的意识和能力，难以在学校治理中发挥积极作用。因此，学校需要注重提升治理能力，加强管理者和教师的培训和学习，提高治理水平。

4. 内外部环境的协调与应对

学校治理不仅受到内部因素的影响，还受到外部环境的制约。例如，政策法规的变化、社会期望的提升、教育资源的竞争等都会对学校治理产生重要影响。因此，学校需要具备较强的环境适应性和应变能力，能够及时调整治理策略和方法，以应对内外部环境的挑战。

5. 治理效果的评估与反馈

治理效果是学校治理的重要衡量标准。然而，当前许多学校在治理效果评估方面还存在不足。例如，部分学校缺乏科学的评估指标和方法，导致评估结果不够客观和准确；部分学校忽视治理效果的反馈机制，导致治理问题得不到及时解决。因此，学校需要建立完善的治理效果评估与反馈机制，及时发现和解决治理中出现的问题，不断提升治理水平。

综上所述，学校治理在不断发展进步的同时，也面临着诸多挑战。这些挑战需要学校管理者和教师共同努力，不断更新治理理念、完善治理机制、提升治理能力、协调内外部环境以及建立科学的评估与反馈机制，以推动学校治理向更高水平发展。

第二节　改革的方向与必要性

在当今社会，教育作为国家发展的基石，其质量和效率直接影响国家的未来和民族的命运。学校，作为教育的主要载体，其治理模式和运行机制对于教育的质量和效果具有决定性的影响。然而，传统的学校治理模式已经难以适应当前社会和教育的发展需求，因此，学校治理的变革势在必行。

一、学校治理改革的必要性

1. 适应社会发展需求

随着社会的快速发展和科技的迅猛进步，教育领域也面临着前所未有的挑战和机遇。传统的学校治理模式已经难以适应当前社会的多元化和个性化需求，因此，必须进行改革，以适应社会发展的需求，提升学校的竞争力和影响力。

2. 提升教育质量

学校治理的核心任务是提升教育质量。然而，传统的治理模式往往存在决策效率低下、资源分配不均等问题，导致教育质量难以得到保障。通过改革，学校可以优化治理结构，提高决策效率，合理配置资源，从而提升教育质量。

3. 激发学校内部活力

传统的学校治理模式往往过于注重秩序和稳定，而忽视了创新和变革。这导致学校内部缺乏活力和创造力，难以应对外部环境的挑战。通过改革，学校可以打破传统的束缚，激发学校内部的活力和创造力，推动学校的持续发展。

4. 保障师生权益

在传统的治理模式下，师生的权益往往难以得到充分保障。通过改革，学校可以建立完善的权益保障机制，确保师生的合法权益得到切实维护。这有助于提升师生的满意度和归属感，促进学校的和谐发展。

5. 推动教育创新

教育创新是推动教育发展的重要动力。然而，传统的治理模式往往过于保守和僵化，难以支持教育创新。通过改革，学校可以建立更加开放和包容的治理环境，鼓励教师尝试新的教学方法和手段，推动教育的创新发展。

二、学校治理的改革方向

1. 从集权到分权

传统的学校治理模式中，权力往往集中在校长或少数管理者手中，导致决策效率低下，基层教师和学生的意见难以得到充分体现。未来的改革方向应是逐步实现权力的下放和分散，让更多的利益相关者参与到学校治理中来，形成多元共治的格局。

2. 从封闭到开放

过去的学校往往是一个相对封闭的系统，与外部社会的联系不够紧密。随着社会开放的扩大和信息流通的加速，学校治理也应逐步实现从封闭到开放的转变。这包括加强与社区、企业、其他学校等的合作与交流，引进外部资源，提升学校的办学水平和影响力。

3. 从管理到服务

传统的学校治理模式往往注重管理和控制，而忽视了服务的功能。未来的改革方向应是逐步从管理型治理向服务型治理转变，以满足学生、教师和家长等利益相关者的多元化需求。这包括提供更加个性化的教学服务、优化校园环境、提升后勤保障水平等。

4. 从经验到科学

过去的学校治理往往依赖于管理者的个人经验和直觉，缺乏科学的决策依据和评估机制。未来的改革方向应是逐步实现从经验型治理向科学型治理的转变。这包括建立完善的决策支持系统、引入先进的管理理念和工具、加强数据分析和评估等。

总之，学校治理的改革是当前社会发展的必然趋势。只有明确改革的方向和必要性，积极推动各项改革措施的实施，才能不断提升学校的治理水平和教育质量，为国家的未来发展奠定坚实的基础。同时，我们也需要认识到，改革是一个长期而复杂的过程，需要政府、学校、社会和师生等各方面的共同努力和协作。只有形成合力，才能推动学校治理改革的不断深化和发展。

第三节　项目式学习管理引入的背景

在21世纪的教育舞台上，学校治理正面临着前所未有的挑战与机遇。随着全球化进程的加速、信息技术的迅猛发展以及知识经济时代的到来，传统的教学模式和管理方式已难以满足社会对人才培养的多元化需求。在此背景下，项目式学习管理作为一种创新的教育模式，逐渐走进了学校治理的视野，成为推动教育改革、提升教育质量的重要力量。

一、教育理念的转变：从“教”到“学”

传统教育模式中，教师往往是知识的传授者，学生则是知识的接受者。这种“填鸭式”的教学方式虽然在一定程度上保证了知识的传递，但却忽视了学生的主体性和创造性。随着教育理念的不断进步，人们开始意识到，教育的本质不仅仅是传授知识，更重要的是培养学生的自主学习能力、创新思维和解决问题的能力。项目式学习管理正是基于这种理念而诞生的，它强调以学生为中心，以项目为载体，引导学生在实践中学习、在探索中成长。

二、社会需求的变化：从“知识型”到“能力型”

在知识经济时代，社会对人才的需求发生了显著变化。企业和社会组织更加看重个体的创新能力、团队协作能力、问题解决能力等综合素质，而不仅仅是知识的掌握程度。项目式学习管理通过模拟现实社会的问题和挑战，让学生在项目中锻炼这些关键能力，从而更好地适应未来社会的需求。

三、信息技术的支撑：从“单一”到“多元”

信息技术的飞速发展，特别是互联网、大数据、人工智能等技术的广泛应用，为项目式学习管理提供了强大的技术支撑。学生可以利用网络资源进行自主学习，教师可以通过在线平台进行项目管理和指导，学校可以通过数据分析对项目效果进行评估。信息技术的融入，使得项目式学习管理更加灵活、高效，也为学生提供了更加丰富多元的学习体验。

四、学校治理的革新：从“管理”到“服务”

传统的学校治理模式往往注重对学生的管理和控制，而忽视了学生的需求和个性发展。项目式学习管理的引入，要求学校治理向服务型转变，以学生为中心，提供个性化的学习资源和支持。学校需要建立灵活的教学管理机制，为项目式学习提供足够的空间和时间；教师需要转变角色，成为学生学习的引导者和伙伴；学校还需要加强与社区、企业等外部机构的合作，为学生提供更多实践机会和资源。

五、项目式学习管理的实践价值

项目式学习管理不仅有助于提升学生的综合素质和创新能力，还对学校治理产生了深远的影响。它促进了学校教学方式的改革，推动了课程与教学的深度融合；它增强了学生的学习动力和兴趣，提高了学习效果；它促进了师生之间的互动与合作，构建了和谐的教学氛围；它还提升了学校的整体办学水平和影响力，为学校的可持续发展奠定了坚实的基础。

综上所述，项目式学习管理的引入是学校治理变革的必然趋势，是教育理念转变、社会需求变化、信息技术支撑和学校治理革新共同作用的结果。在未来的教育实践中，我们有理由相信，项目式学习管理将成为推动教育改革、提升教育质量的重要力量，为培养具有创新精神和实践能力的未来人才做出积极贡献。

第二章　项目式学习及学校治理的创新应用

第一节　项目式学习的定义与流程

一、定义与核心概念

项目式学习（Project-Based Learning，PBL）其核心在于通过模拟或参与现实社会中的项目的形式，促进学习者主动探索、解决问题、团队合作及批判性思维能力的提升。PBL不仅关注知识的学习与应用，更强调能力培养和情感态度的发展，是实现学以致用、知行合一的有效途径。

在PBL中，学习者围绕一个具有挑战性、跨学科的项目展开探究，这个项目通常具有明确的目标、时间限制以及可交付成果。管理者（教师或项目负责人）则负责引导、支持并监督整个学习过程，确保项目顺利进行并达成既定的学习目标。

二、项目式学习的流程

项目式学习遵循项目管理的基本框架，分为启动、计划、执行、监控和收尾五个关键环节。

（一）启动阶段

确定项目主题：基于课程目标和学习者兴趣，选定一个既具有教育价值又能激发学习者兴趣的项目主题。

组建团队：根据项目需求，分配角色，形成多元化的小组，鼓励跨年级、跨学科的组合，以促进多角度思考。

明确目标：细化项目目标，确保与学习目标紧密对齐，同时设定可衡量的评价标准。

（二）计划阶段

制订项目计划：包括时间表、任务分配、资源需求等，使用甘特图或看板等工具帮助可视化管理。

风险评估：识别可能遇到的障碍和风险，制定应对策略。

资源筹备：收集所需材料、工具、信息资源和人力资源。

（三）执行阶段

任务实施：小组成员按照计划分工合作，执行任务，如调研、设计、制作等。

迭代调整：根据实施情况，适时调整计划，解决突发问题，保持项目进度。

导师指导：教师或导师提供必要的指导、反馈和资源支持，鼓励自主学习和创新。

（四）监控阶段

进度监控：定期检查项目进度，确保按时完成各项任务。

质量评估：通过自评、互评和师评，评估工作质量，及时调整改进。

沟通协调：保持团队内部及与外部利益相关者（如客户、社区）的有效沟通。

（五）收尾阶段

成果展示：组织项目展示会，让各团队分享学习成果，可以是报告、产品原型、演示等。

反思总结：个人和团队进行反思，总结学习经验、技能提升及未来改进方向。

评价反馈：综合项目过程表现、成果质量及学习态度，给予全面评价，鼓励正向反馈。

三、实际案例及其效果与价值

下面以我们的项目式实践“致敬袁隆平爷爷”为例，诠释实际案例及其效果与价值。

（一）案例概述

“致敬袁隆平爷爷”项目式学习实践是一个以小学生为主体，通过探究袁隆平生平事迹和科学贡献，培养学生的提问、探究、合作和创新能力的教学活动。该项目源于2021年5月22日袁隆平院士逝世，社会各界对其的悼念和敬仰之情激发了学生们对袁隆平爷爷的好奇心和探究欲。学生们在教师的引导下，提出了关于袁隆平爷爷的多个问题，并通过阅读《袁隆平传记》、查阅资料、请教他人等方式，深入了解了袁隆平的求学经历、科学贡献、人格魅力等。

（二）实施过程

1. 问题驱动

学生们从自己的视角出发，提出了关于袁隆平爷爷的多个问题，如“袁隆平爷爷的家庭是怎样的？”“袁隆平爷爷为什么要研究杂交水稻？”等。这些问题成为学生们探究的起点。

2. 资料搜集

学生们通过阅读《袁隆平传记》、上网查阅资料、请教专业人士等方式，搜集了大量关于袁隆平的信息和资料。

3. 合作研究

学生们在教师的引导下，组成小组，分工合作，共同完成了关于袁隆平的研究报告。在合作过程中，学生们学会了如何与他人协作、如何整合信息、如何呈现研究成果等。

4. 汇报交流

学生们在班级内和学术报告厅进行了研究成果的汇报和交流。通过汇报，学生们不仅展示了自己的研究成果，还学会了如何倾听他人的观点、如何与他人进行交流和讨论。

5. 续写传记

学生们还分组合作续写了《袁隆平传记》的第七章内容，记录了袁隆平爷爷在逝世前几年的重要事迹和言论，表达了对袁隆平爷爷的崇敬之情和传承其精神的强烈愿望。

（三）效果与价值

1. 培养了学生的提问和探究能力

通过项目式学习实践，学生们学会了如何提出问题、如何搜集资料、如何探究问题。这种能力对于学生的学习和成长具有重要意义。

2. 增强了学生的合作和创新能力

在合作研究过程中，学生们学会了如何与他人协作、如何整合信息、如何呈现研究成果等。同时，学生们在续写传记的过程中也展现出了自己的创新能力。

3. 加深了学生对袁隆平爷爷的了解和敬仰

通过项目式学习实践，学生们深入了解了袁隆平的生平事迹和科学贡献，对袁隆平爷爷产生了深深的敬仰之情。这种敬仰之情将激励学生们在未来的学习和生活中不断努力、追求卓越。

4. 促进了学生对生命的理解和珍惜

在研究过程中，学生们不仅了解了袁隆平爷爷的科学贡献，还深刻体会到了生命的宝贵和珍惜粮食的重要性。这种对生命的理解和珍惜将对学生们的成长产生深远的影响。

“致敬袁隆平爷爷”项目式学习实践是一个具有深远意义的教学活动。它不仅培养了学生的提问和探究能力、合作和创新能力，还加深了学生对袁隆平爷爷的了解和敬仰，促进了学生对生命的理解和珍惜。这种项目式学习实践对于学生的学习和成长具有重要意义，值得在教育实践中广泛推广和应用。

第二节　项目式学习的理论框架与模式构建

项目式学习，作为一种富有前瞻性和实践性的教育模式，在现代教育体系中占据了越来越重要的地位。它不仅为学生提供了一个实践探索、自我挑战的舞台，更是学校治理和教育创新的重要推动力。为了深入理解项目式学习，并有效地将其应用于学校治理中，我们需要首先明确项目式学习的理论框架与模式构建。

一、项目式学习的理论框架

项目式学习的理论框架是其教育理念和教学方法的基石。这一框架主要包含以下几个方面。

1. 以学生为中心的教育理念

项目式学习强调学生的主体地位，注重激发学生的学习兴趣和内在动力。在这一理念下，教育不再是教师单向的知识传授，而是学生在教师的引导下，通过自我探索和实践来构建知识体系。

2. 真实情境的学习环境

项目式学习主张将学习内容置于真实或模拟的真实情境中，让学生在解决实际问题中学习和掌握知识。这种学习环境不仅提高了学习的趣味性，也增强了学习的针对性和实用性。

3. 跨学科的知识整合

项目式学习鼓励学生跨学科地思考和解决问题。它打破了传统教育中学科之间的壁垒，促进了学生知识的综合运用和思维能力的提升。

4. 强调过程和实践的教学方法

在项目式学习中，学生的学习过程和实践经历被置于首要地位。教师通过设计具有挑战性和创造性的项目任务，引导学生通过团队合作、资料查阅、实验操作等方式，亲身体验知识的形成和应用过程。

5. 多元化的评价体系

项目式学习采用多元化的评价体系，不仅关注学生的知识掌握情况，还重视学生的创新思维、团队协作能力、问题解决能力等综合素养的评价。这种评价体系有助于全面、客观地反映学生的学习成果和成长过程。

二、项目式学习的模式构建

在明确了项目式学习的理论框架后，我们需要进一步构建其实践模式。项目式学习的模式构建主要包括以下几个方面。

1. 项目选题与设计

项目选题是项目式学习的起点。选题应紧扣课程标准和教学目标，同时考虑学生的兴趣和认知水平。设计项目时，教师应明确项目的目标、任务、时间安排和资源需求，确保项目的可行性和有效性。

2. 组建项目团队

根据项目需求，学生可以自由组合或由教师指定组成项目团队。团队成员应明确各自的角色和责任，通过分工合作共同完成项目任务。在这一过程中，教师应引导学生学会沟通、协作和相互尊重，培养团队精神。

3. 项目实施与监控

项目实施是项目式学习的核心环节。学生应在教师的指导下，按照项目计划逐步推进工作。教师应密切关注项目的进展情况，及时给予指导和帮助，确保项目能够顺利进行。同时，教师还应鼓励学生勇于面对挑战和困难，培养坚韧不拔的精神和解决问题的能力。

4. 项目成果展示与评价

项目成果展示是项目式学习成果的重要体现。学生应通过报告、演讲、展览等形式展示自己的项目成果，分享学习经验和心得。教师应组织学生进行互评和自评，结合学生的实践过程、成果质量和综合素养给予全面、客观的评价。同时，教师还应鼓励学生反思自己的学习过程和成果，发现不足并寻求改进的方法。

5. 项目总结与反思

项目式学习结束后，教师应组织学生进行总结与反思。总结项目过程中的经验教训，反思自己的学习方法和团队协作方式是否有效，以及如何更好地应对未来的挑战。通过总结与反思，学生可以不断积累经验、提升能力，为未来的学习和生活打下坚实的基础。

综上所述，项目式学习的理论框架与模式构建是其成功实施的关键。通过明确以学生为中心的教育理念、构建真实情境的学习环境、促进跨学科的知识整合、强调过程和实践的教学方法以及建立多元化的评价体系，我们可以为学生提供一个充满挑战和机遇的学习环境，激发他们的学习兴趣和内在动力。同时，通过精心选题与设计、组建项目团队、实施与监控项目进展、展示与评价项目成果以及总结与反思学习经验，我们可以有效地推动项目式学习的实践应用，提升学校治理的效能和教育质量。

第三节　项目式学习的核心理念与目标设定

在当今教育改革的浪潮中，项目式学习以其独特的魅力和显著的成效，成为教育管理与治理创新领域的一颗璀璨明珠。本节将剖析项目式学习的核心理念与目标设定，揭示其在实际应用中的非凡价值与深远意义。

一、项目式学习的核心理念：激发潜能，培养全能型人才

项目式学习的核心理念，简而言之，即"以学生为中心，以项目为载体，激发潜能，培养全能型人才"。这一理念彻底颠覆了传统教育模式中的"填鸭式"教学，转而强调学生的主体性和实践性。在项目式学习模式下，学生不再是被动接受知识的容器，而是主动探索、勇于创新的知识创造者。

（一）以学生为中心

项目式学习将学生的需求和兴趣置于首位，鼓励学生根据自己的兴趣和专长选择项目主题，从而极大地提高了学习的积极性和参与度。这种以学生为中心的教学模式，有助于培养学生的自主学习能力和终身学习的习惯。

（二）以项目为载体

通过设计真实或模拟的项目任务，项目式学习将抽象的知识与具体的实践紧密结合，让学生在解决实际问题的过程中学习和应用知识。这种教学方式不仅增强了学习的实用性，还锻炼了学生的问题解决能力和团队协作能力。

（三）激发潜能

项目式学习鼓励学生挑战自我，勇于尝试新事物，从而不断挖掘和激发自身的潜能。在这个过程中，学生的创新思维、批判性思维和创造力得到了充分的锻炼和提升。

（四）培养全能型人才

项目式学习注重培养学生的综合素养，包括知识、技能、态度和价值观等

多个方面。通过跨学科的项目合作，学生不仅能够掌握扎实的专业知识，还能培养良好的沟通能力、团队协作能力和社会责任感，为成为适应未来社会需求的全能型人才打下坚实的基础。

二、项目式学习的目标设定：明确、具体、可衡量

项目式学习的目标设定是其成功的关键所在。一个清晰、具体、可衡量的目标不仅能够为学生的学习提供明确的方向和强大的动力，还能够为教师的评价和反馈提供有力的依据。

（一）明确性

项目式学习的目标应该明确具体，让学生一目了然地知道自己需要达到什么样的标准。这有助于避免学习的盲目性和随意性，确保学生能够有针对性地展开学习。

（二）具体性

目标设定应尽可能详细具体，包括学生需要掌握的知识点、技能点以及需要达到的能力水平等。这种具体的目标设定有助于学生在学习过程中不断对照自我，检查自己的学习进度和成果。

（三）可衡量性

项目式学习的目标应该是可衡量的，即能够通过一定的评价标准和手段来评估学生的学习成果。这有助于教师客观地评价学生的学习效果，及时发现问题并给予指导，同时也能够让学生清晰地了解自己的进步和不足。

三、项目式学习管理及治理的创新应用：实践中的智慧与魅力

项目式学习不仅在教育理念和教学方法上实现了创新，更在教育管理和治理层面展现了其独特的智慧和魅力。将项目式学习融入学校的管理和治理体系中，可以极大地提升学校的教育质量和治理效能。

（一）促进学校治理的创新

项目式学习鼓励学校打破传统的科层制管理模式，转而采用更加灵活、民主的管理方式。通过组建项目团队、制订项目计划、分配项目资源等过程，学校可以培养学生的自主管理能力和团队协作能力，同时也能够提升学校的管理效率和治理水平。

（二）推动教育资源的优化配置

项目式学习需要丰富的教育资源作为支撑。通过整合校内外资源，学校可以为项目式学习提供必要的物质保障和智力支持。同时，项目式学习也能够促进教育资源的优化配置和高效利用，避免资源的浪费和闲置。

（三）提升学校的教育质量和社会声誉

项目式学习以其独特的教学方式和显著的教学成效，成为学校提升教育质量和社会声誉的重要法宝。通过展示学生的项目成果和分享教学经验，学校可以向社会展示其教育成果和教育理念，从而吸引更多的优质生源和社会资源。

综上所述，项目式学习的核心理念与目标设定是其成功的基石。其通过以学生为中心、以项目为载体的教学方式，不仅激发了学生的潜能和创造力，还培养了他们的综合素养。同时，通过将项目式学习融入学校的管理和治理体系中，我们可以进一步推动教育管理的创新和治理效能的提升。在未来的教育改革中，项目式学习无疑将继续发挥其独特的优势和魅力，为培养更多优秀人才和推动社会进步贡献智慧和力量。

第四节　项目式学习组织结构的优化与调整

在项目式学习（Project-Based Learning，PBL）的广阔舞台上，组织结构不仅是支撑其顺利进行的骨架，更是激发团队潜能、促进知识融合与创新的关键。随着教育理念的不断进步和技术手段的日新月异，项目式学习的组织结构也需要不断地优化与调整，以适应更加复杂多变的学习需求和挑战。本节将探讨项目式学习组织结构的优化策略，通过具体案例展示其在实际操作中的应用与成效，旨在构建一个高效协作、灵活应变的学习生态。

一、组织结构优化的必要性

项目式学习以其以学生为中心、围绕现实生活中的问题展开的特点，要求组织结构必须具备高度的灵活性、开放性和协作性。传统的金字塔式或科层制组织结构，往往因层级过多、信息传递不畅而制约了项目式学习的效率与效果。因此，优化组织结构，打破壁垒，促进资源流动与信息共享，成为提升项目式学习质量的关键。

二、优化策略与实践

（一）扁平化管理，缩短决策链路

扁平化管理是项目式学习组织结构优化的重要方向。减少管理层级，使决策更加迅速，贴近一线需求。例如，某高中在实施“可持续能源”项目时，成立了由校领导、项目导师和学生代表组成的项目管理小组，直接负责项目的规划、执行与评估，有效缩短了决策过程，提高了响应速度。

（二）跨学科团队，促进知识融合

项目式学习强调跨学科合作，因此，组织结构的优化应着眼于打破学科界限，组建跨学科团队。如某大学在“智慧城市”项目中，将计算机科学、城市规划、环境科学、社会学等多学科的学生和教师集中在一起，共同探索解决方案，不仅促进了知识的交叉融合，还培养了学生的综合素养和团队协作能力。

（三）灵活分配角色，激发个体潜能

在项目式学习中，每个学生都有机会扮演不同的角色，如项目经理、研究员、设计师、宣传员等，这有助于全面发展他们的能力。通过定期的角色轮换，学生可以体验到不同的职责和挑战，从而激发潜能，增强自信心和责任感。

（四）技术支持平台，提升协作效率

利用现代信息技术，如云计算、大数据、在线协作工具等，构建项目式学习的技术支持平台，可以极大地提升团队协作的效率。例如，使用Trello进行任务管理，使用Slack或钉钉进行即时通信，使用WPS或腾讯文档进行文档共享与协同编辑，使用这些工具让团队成员无论身处何地都能高效协作。

三、案例分析：以“做最好的自己”项目为例

以我们开展的“做最好的自己”年级项目为例，通过项目式学习组织结构的深度优化与创新，不仅成功地编织了一张联结学校、社区、学生与家长的紧

密网络，还共同构筑了一个集教育性、环保性、社区参与性于一体的综合性教育生态系统，为孩子们的成长之路铺设了坚实的基石。

（1）项目式学习组织结构的优化，无疑是这一项目成功的关键所在。它不仅打破了传统教育模式的壁垒，更促进了学校与社区之间的深度融合，使得教育资源得以共享，教育空间得以扩展。这一优化举措，不仅激发了学生的学习热情，还提升了他们的实践能力和团队协作能力，更为家长提供了参与孩子成长、了解学校教育理念的平台，从而增强了家校之间的信任与合作。

（2）“做最好的自己”项目中，跨学科融合成为一大亮点。数学、英语、科学、美术、体育等多学科纷纷加入，围绕项目主题，共同策划了一系列丰富多彩的活动。例如，在数学课上，学生们通过“认识人民币”的实践，学会了合理购物，锻炼了计算能力；在英语课上，他们用英语分享自己的优点，增强了自信心和语言表达能力；在科学课上，他们动手制作科学小发明，培养了创新思维和实践能力；在美术课上，他们绘制《未来如何成为最好的自己》的绘本，展现了无限的想象力和创造力；在体育课上，他们参与各类运动比赛，体验了运动的快乐，锻炼了强健的体魄。这些活动不仅让学生们在不同领域展现了自己的风采，更让他们在实践中认识了自己、肯定了自己。

（3）技术支持与社区参与也是该项目不可或缺的一部分。学校充分利用现代信息技术手段，为学生们提供了丰富的学习资源和便捷的交流平台。同时，社区也积极参与其中，为学生们提供了实践基地和志愿服务机会。例如，在“体验劳动 认识自我”的研学活动中，学生们走进农场，亲身体验劳动的乐趣，了解了农作物的生长过程和耕作规律。这一活动不仅让学生们亲近了自然，更让他们在实践中学会了感恩和珍惜。

（4）成果展示环节更是将项目的精彩之处推向了高潮。在学期末的全课程“做最好的自己”项目式学习成果展演活动中，学生们通过音乐、朗诵、数学魔术、职业角色秀等多种形式，充分展示了自己的学习成果和成长变化。他们的笑容中洋溢着自信与热情，他们的表演中透露出才华与创意。这一活动不仅让家长们见证了孩子们的成长和进步，更让社会各界对寮外小学的教育理念和教学成果有了更深刻的了解。

“做最好的自己”项目式学习，以其独特的魅力和深远的影响，成为教育领域的一颗璀璨明珠。它让我们看到了项目式学习的无限可能，也让我们更加坚信：在教育的道路上，只有不断创新与优化，才能培养出更多优秀的人才，为社会的进步和发展贡献更大的力量。

项目式学习组织结构的优化与调整，是教育创新的重要组成部分。通过扁平化管理、跨学科团队、灵活角色分配和技术支持平台的构建，可以极大地提升项目式学习的效率与效果，培养学生的综合素养和创新能力。未来，随着教育理念的不断进步和技术手段的持续发展，项目式学习的组织结构将更加多样化、智能化，为构建更加高效、开放、协作的学习生态提供有力支撑。

第五节　项目式学习治理流程与制度体系革新

在教育改革的浪潮中，项目式学习（Project-Based Learning，PBL）以其独特的魅力，成为培养学生综合素质、创新能力与实践能力的有效途径。然而，随着PBL的深入实践，其治理流程与制度体系的不完善逐渐显现，成为教育创新与质量提升的瓶颈。本节旨在分析项目式学习治理流程的现状与挑战，探讨制度体系革新的必要性，提出具体的改革措施，并通过实际案例展示革新成果，强调其对提高教育质量、促进教育创新的重要意义。

一、项目式学习治理流程的现状与挑战

项目式学习作为一种以学生为中心、围绕现实生活中的问题展开的教学模式，其治理流程本应灵活高效，以适应项目的多样性和不确定性。然而，它在现实中却往往面临以下挑战。

（1）决策层级多，响应慢：传统的科层制管理结构导致决策流程烦琐，难以迅速响应项目需求和学生创意。

（2）资源分配不均，利用低效：资源往往集中于管理层，项目团队难以获得足够支持，且资源分配缺乏透明度和公正性。

（3）评估机制单一，忽视过程评价：过分依赖终结性评价，忽视了学生在

项目过程中的学习成长和创新尝试。

（4）跨学科合作困难，知识壁垒明显：学科间缺乏有效沟通与合作机制，限制了知识的交叉融合与创新应用。

二、制度体系革新的必要性与改革措施

面对上述挑战，项目式学习治理流程与制度体系的革新显得尤为迫切。以下是一系列具体的改革措施。

1. 构建扁平化治理结构

减少管理层级，建立由校领导、项目导师、学生代表及外部专家组成的项目管理委员会，实现快速决策与高效执行。

2. 实施资源开放共享机制

建立统一的资源管理平台，公开透明地分配资源，鼓励学生团队自主申请，提高资源利用效率。

3. 建立多元化评价体系

引入过程性评价、同伴评价、自我评价等多种评价方式，关注学生创新思维、团队协作、问题解决等能力的全面发展。

4. 促进跨学科融合与合作

设立跨学科项目基金，鼓励不同学科教师联合申报，建立跨学科交流平台，促进知识共享与创新。

5. 强化技术支持与信息化管理

利用云计算、大数据、人工智能等技术，构建项目式学习管理系统，实现项目规划、执行、评估的全程信息化管理。

三、实际案例：以“英雄的旅程”项目为例

“英雄的旅程”项目通过一系列治理流程与制度体系的革新，成功引领学生踏上了一段探索英雄精神、汲取成长力量的非凡之旅，取得了令人瞩目的成效。

1. 治理结构优化

项目伊始，学校对治理结构进行了全面优化，成立了专项工作组，负责项目的整体规划、执行与监督。工作组采取了多项创新措施，如引入项目管理软

件，确保各环节高效协同；建立项目反馈机制，及时调整策略以应对挑战。这些举措不仅提升了项目的执行效率，还激发了教师团队的积极性和创造力，为项目的成功实施奠定了坚实基础。

2. 实现资源共享

学校充分利用了自身及社区的教育资源，实现了资源的开放共享。通过搭建线上平台，学校将丰富的历史文献、英雄故事、经典读物等资源整合在一起，供学生们随时查阅。同时，学校还邀请社会上的英雄人物、专家学者走进校园，与学生面对面交流，分享他们的成长经历和英雄事迹。这些资源的开放共享，极大地丰富了学生们的学习体验，也让他们更加深刻地理解了英雄精神的内涵。

3. 多元化评价积极介入

多元化评价在项目实施中发挥了重要作用，学校不仅关注学生的学业成绩，还重视评价他们的实践能力、团队协作能力、情感态度等综合素质。通过组织小组讨论、角色扮演、项目展示等多种形式的评价活动，学校全面了解了学生在学习过程中的表现，并给予他们及时、具体的反馈。这种多元化评价模式不仅激发了学生的内在动力，还促进了他们的全面发展。

4. 跨学科合作是项目实施的一大亮点

语文、历史、音乐、美术等多个学科的教师围绕项目主题，共同设计了一系列跨学科的教学活动。例如，在历史课上，学生们通过学习英雄人物的事迹，了解了不同历史时期的社会背景和人们的价值观；在音乐课上，他们通过演唱英雄主题的歌曲，感受了英雄精神的情感力量；在美术课上，他们通过绘制英雄画像，展现了英雄形象的视觉魅力。这些跨学科的合作不仅增强了课程的趣味性和吸引力，还让学生们在多学科的交融中深化了对英雄精神的理解。

5. 技术支撑在项目中扮演了关键角色

学校利用现代信息技术手段，如大数据分析、云计算等，对项目实施过程进行了全程跟踪和数据分析。通过这些技术手段，学校能够及时了解学生的学习进度和反馈意见，调整教学策略和资源分配，确保项目能够高效、有序地推进。同时，学校还通过线上平台为学生提供了丰富的学习资源和互动机会，使学生们能够在任何时间、任何地点参与到项目学习中来。

正是得益于这些创新举措的实施，“英雄的旅程”项目在寮步镇外国语小学取得了显著成效。学生们不仅学到了丰富的历史知识，更在探索英雄精神的过程中收获了成长的力量，进一步坚定了理想信念。未来，学校将继续深化项目式学习改革，为培养更多具有社会责任感、创新精神和实践能力的优秀人才贡献力量。

四、革新对于提高教育质量、促进教育创新的重要性

项目式学习治理流程与制度体系的革新，不仅解决了传统治理中的诸多问题，更极大地提高了教育质量，促进了教育创新。

1. 提升学生学习动力与创新能力

通过参与项目式学习，学生在解决实际问题中锻炼了创新思维与团队协作能力，学习动力显著增强。

2. 促进教师专业成长与角色转变

教师从知识的传授者转变为项目的指导者与合作伙伴，促进了专业成长与教育理念的更新。

3. 增强学校与社会的联系

项目式学习往往涉及现实生活中的问题，需要学校与社区、企业等外部机构合作，增强了学校的社会责任感与影响力。

4. 推动教育体制的深度改革

项目式学习治理流程与制度体系的革新，为教育体制的深度改革提供了有益探索，为培养适应未来社会需求的复合型人才奠定了坚实基础。

项目式学习治理流程与制度体系的革新，是教育创新与质量提升的关键所在。构建扁平化治理结构、实施资源开放共享、建立多元化评价体系、促进跨学科合作与强化技术支持，可以极大地激发学生的学习潜能与创新能力，推动教育向着更加开放、灵活、高效的方向发展。

下篇

项目式学习管理——学校治理的实践篇章

第三章　学校治理：项目式学习重塑教育管理新范式

第一节　项目式学习重塑教育管理新范式

在21世纪的教育舞台上，项目式学习（Project-Based Learning，PBL）如同一股清流，以其独特的魅力和显著的成效，对传统的教育管理理念与方式提出了挑战，也为学校教育带来了前所未有的变革机遇。项目式学习管理不仅是一种教学方法的创新，更是对整个教育生态系统的一次深刻重构，它强调以学生为中心，通过跨学科的项目实践，培养学生的批判性思维、创新能力及团队合作能力。本节将深入探讨项目式学习管理对学校传统管理理念和方式的冲击，分析其优点、面临的挑战，并提出可能的改进方向及应对策略。

一、传统教育管理的弊端

传统教育管理在教育质量、学生参与度、教师压力等多个方面存在着显著的弊端。

（一）教育质量

传统教育往往过于强调知识的灌输，而忽视了对学生综合能力的培养。这种“填鸭式”的教学方式导致学生在实际应用中难以灵活运用所学知识，教育质量因此大打折扣。

（二）学生参与度

在传统教育模式下，学生往往处于被动接受知识的地位，缺乏主动探索和实践的机会。这种被动的学习方式极大地降低了学生的学习兴趣和参与度，使学习过程变得枯燥乏味。

（三）教师压力

传统教育对教师的要求往往集中在知识的传授和考试成绩的提升上，而忽视了教师在学生全面发展中的作用。这种单一的评价标准导致教师承受着巨大的压力，难以充分发挥其教育教学的创造性和灵活性。

二、项目式学习管理的优点

（一）学生中心化的转变

传统管理模式往往以教师为知识传授的中心，而学生处于被动接受地位。项目式学习则将学生置于学习的核心，鼓励他们主动探索、解决问题，从而激发其内在学习动机。

（二）跨学科整合能力的提升

PBL项目通常涉及多个学科领域，要求学生在解决实际问题的过程中综合运用所学知识，促进了学科之间的融合，培养了综合思维能力。

（三）实践能力的培养

通过动手操作、实地考察、团队合作等形式，项目式学习让学生亲身体验知识应用的过程，有效提升了实践能力和创新能力。

（四）社会技能的增强

项目合作中的沟通交流、团队协作，以及项目管理经验的积累，为学生未来踏入社会打下了坚实的基础。

2018年以来，我们学校引入了项目式学习，并将其作为重要的教学方法，鼓励学生围绕自己感兴趣的主题进行深入研究与实践。学生们可以选择与社区合作，解决当地的实际问题；也可以选择进行科学实验，探索未知的科学领域。在这一过程中，学生们不仅学到了知识，更学会了如何运用知识解决问题，如何与他人合作，如何进行创新。这种教育管理模式不仅提高了学生的学习兴趣和参与度，还培养了学生的社会责任感和创新能力。

三、面临的挑战与改进方向

（一）资源分配与管理难度增加

项目式学习需要更多的资源支持，如场地、材料、指导老师等，这对学校的资源配置和管理提出了更高要求。学校需建立灵活的资源调配机制，并充分利用社区、企业等资源，形成合力。

（二）评价体系改革

传统的以考试成绩为主的评价体系难以全面反映项目式学习的成果。需构建多元化评价体系，包括过程评价、同伴评价、自我评价等，重视非认知技能的培养。

（三）教师培训与观念转变

教师需具备跨学科知识和项目管理能力，这对教师的专业发展提出了新挑战。学校应定期组织培训，鼓励教师参与项目实践，转变教育观念。

（四）时间管理与学生自主性平衡

项目式学习给予学生更多自主权，但也可能导致时间管理上的混乱。学校需引导学生学会时间管理，同时设定合理的项目时间框架和阶段性目标。

四、适应与应对策略

（一）建立支持体系

学校应构建包括技术支持、资金保障、师资培训在内的全方位支持体系，为项目式学习提供坚实后盾。

（二）逐步推进，示范引领

可以先选择部分班级或学科进行试点，积累经验后逐步推广，同时树立成功案例，激发全校师生的参与热情。

（三）家校社联动

加强与家长、社区的沟通合作，争取更多外部资源和支持，共同为学生创造更丰富的学习环境和实践机会。

（四）强化研究与反馈

建立项目式学习的监测与评估机制，定期收集反馈，不断调整优化实施方案，确保教育质量与效果。

总之，项目式学习管理以其独特的优势，正逐步成为推动学校教育改革的重要力量。面对挑战，学校应积极适应，勇于创新，通过构建支持体系、改革评价体系、加强教师培训等措施，充分发挥项目式学习的潜力，为学生提供更加开放、多元、实践性强的学习环境，培养出适应未来社会需求的创新人才。

第二节　项目式学习引领下的教师团队建设

在教育改革不断深入的背景下，项目式学习作为一种以学生为中心、以问题为导向的教学模式，正逐渐成为提升教学质量、培养学生综合素养的重要途径。然而，项目式学习的有效实施离不开一支高素质、专业化的教师队伍。我们学校在构建基于项目式学习的教师团队方面，进行了深入的探索与实践，形成了一套独具特色的建设方法。

一、构建共同愿景，凝聚团队力量

《第五项修炼》中强调，共同愿景是团队前进的灯塔，是激发团队成员内在动力的源泉。东莞市寮步镇外国语小学以“寮外向未来”为共同愿景，将大小愿景相互匹配，既有长远的战略规划，又有近期的具体目标。

自2022年以来，学校不断为教师构建近期愿景和远景规划。例如，学校通过校园改造工程，营造舒适、宜人的工作场所，让教师在愉悦的环境中工作；实施“暖胃工程”，每天提供适口、美味的餐食，关心教师的身心健康；加强课程建设，明确教学方向，让教师看到努力的方向；注重教师专业成长，提供多样化的培训和发展机会，让教师体验教学相长的成就感。这些具体而实际的愿景构建，不仅提升了教师的归属感和幸福感，也凝聚了团队的力量，为项目式学习的实施奠定了坚实的基础。

二、创建学习型研修团队，促进教师成长

（一）管理转型，营造幸福无忧的工作氛围

校长作为学校的引领者，首先进行了管理转型，转变观念，充分关注教师的工作体验。校长努力做到掌控方向、走进心灵、深入课堂、代表学校，与教师建立深厚的情感联系。

同时，行政管理人员也形成了相对稳定、有战斗力的工作团队，通过成立课程研发“三人行”、德育治理“三剑客”、校办团队“三叶草”、后勤服务“三人帮”等工作团队，全面、深入推进各项工作开展。这种扁平化、灵活化的管理模式，营造了幸福无忧的工作氛围，激发了教师的积极性和创造力。

（二）明晰成长路径，鼓励教师脚踏实地

学校明晰了教师的成长路径，向全体教师描述了从新苗到国家级名师的成长阶梯。这一成长路径不仅让教师看到了自己的发展方向，还增强了他们的职业认同感和成就感。学校鼓励教师脚踏实地、一步一步走向成熟和成功，通过设立各种荣誉和奖励机制，激励教师在项目式学习的实践中不断成长。

三、依托专家团队引领，提升专业素养

（一）学科建设依托全课程专家团队

在学科建设方面，学校依托全课程李振村专家团队，引入先进的课程理念和教学方法，推动项目式学习的深入实施。专家团队通过定期来校指导、开展工作坊和研讨会等形式，帮助教师理解项目式学习的核心要素和实施策略，提升教师的专业素养和教学能力。

（二）教师发展依托李健教授专家团队

在教师发展方面，学校依托李健教授专家团队，为教师提供个性化的成长规划和培训方案。专家团队通过诊断教师的专业发展现状，提出有针对性的改进建议，帮助教师在项目式学习的实践中不断提升自己的教育教学水平。

（三）校内引领依托省级名师工作室

校内引领方面，学校依托王金发省级名师工作室和东莞市基础教育领军人才、教育家型教师王金发工作站团队，发挥校内名师的示范和引领作用。名师工作室通过师徒结对、教学示范、经验分享等形式，帮助青年教师快速成长，

形成了一支高素质、专业化的项目式学习教师队伍。

四、立足四个方面的研修突破，提升教学能力

（一）将案例研究作为突破口

学校将“案例研究”作为教师参与研究瓶颈的突破口。各科组结合每学年拟定的研究课题开展课例研讨，实现听课、评课、课例写作一体化。学校每学期开展案例撰写评比活动，推荐优秀案例发表，以案例研究促进教师深入思考和实践项目式学习。

（二）大、小课题互相策应

学校鼓励并指导教师积极参与市级课题立项，同时成立校级课题管理小组，全面、深入推进小课题研究。通过大、小课题的互相策应，学校形成了浓厚的科研氛围，提升了教师的科研能力和项目式学习的实施水平。

（三）以培训提升成就感，促进教师积极反思

学校遵循选拔原则、暗示原则、奖励原则、主题培训四个基本原则，开展各级各类培训。学校通过选拔优秀教师参加高级别培训、暗示教师在培训中的成长机会、奖励在培训中表现突出的教师、开展主题鲜明的培训活动等形式，从不同侧面培养教师，培养种子教师。这些培训活动不仅提升了教师的专业素养和教学能力，也增强了他们的成就感和职业认同感。

（四）主题式读书向未来

学校积极引领教师开展主题式读书活动，以读书促成长。学校精选了一批与教学、科研紧密相关的书籍，如刘徽的《大概念教学：素养导向的单元整体设计》，张文质的《奶蜜盐》《教育是慢的艺术——张文质教育讲演录》，陈红霞的《小学数学大单元整体教学这样做》等，号召教师每个学期读一本书，开展读书交流会，促进教师深入思考，提升教学认知。

我们学校在构建基于项目式学习的教师团队方面，形成了一套独具特色的建设方法。具体来说，学校通过构建共同愿景，凝聚团队力量；创建学习型研修团队，促进教师成长；依托专家团队引领，提升专业素养；立足四个方面的研修突破，提升教学能力。这一套方法的实施，不仅提升了教师的专业素养和教学能力，也推动了项目式学习的深入实施，为学校的可持续发展奠定了坚实的基础。

在未来的发展中，学校将继续坚持这一套方法，不断完善和优化教师团队建设机制，努力打造一支高素质、专业化的项目式学习教师队伍。同时，学校也将积极借鉴国内外先进经验，探索更多创新性的教师团队建设模式，为项目式学习的深入实施和学校的长远发展提供有力支持。

第三节　从1.0到3.0的项目式学习实践探索

2018年，我们的小学教育迎来了一次重大的革新——全课程的引入。全课程，这一由著名教育专家李振村先生创立的小学教育课程体系，以“全人教育”为基本理念，旨在培养“完整的人”。它致力于拓宽孩子们的智力背景，提供丰富的学习体验，培养他们独特的思维品质，引导他们学会与世界和谐共处。正是这一课程体系中的项目式学习活动，深深吸引了我们，开启了我们探索项目式学习的奇妙旅程。

一、启程，1.0版本的“端午文化之旅”——综合性

语文教研组通过研讨，确立了“端午文化之旅”的项目式探究活动。我们结合项目式的特点开展探究。

（一）问题开启

对于端午节，你最想了解什么？学生最初提出的一些问题比较浅显，例如：端午节有哪些习俗？端午节为什么吃粽子？这些问题可以让学生互相解答，或者直接查找资料就可以知道答案。老师引导学生把“端午”放在时空大背景下再提问，学生的思维逐渐走向深入，接着梳理问题，学生的问题主要聚焦为：端午究竟纪念谁？不同朝代、不同民族、不同地域、不同国家怎样过端午？屈原为什么要投汨罗江？生命最宝贵，生命都没有了，何谈爱国？

（二）探究问题

带着问题，各学习小组阅读、思考、研究，通过阅读相关书籍，收集、

处理、加工信息，进行重组，将端午节放在时空大背景下，学生了解了不同民族、不同朝代、不同地域、不同国家的端午，对端午文化的认识的广度、宽度、深度，均有不同程度的延展。学生深入阅读《屈原传》，梳理屈原一生，画出屈原人生曲线图，分析屈原所在的楚国历史背景，设想楚国如何不灭亡，经过深度阅读，再来看待屈原为什么投江这个问题。有学生感慨道："我敬佩屈原的浓浓爱国情，我也敬畏生命的伟大。"

（三）成果发布

接着各组把研究报告按照一定的顺序编排目录，印刷、装订成册，在4月23日世界读书日，隆重举行研究报告成果发布会。我们邀请学校老师、家长，还有报社记者，共享收获之喜悦。同学们讲述研究历程，分享研究成果，畅谈研究感悟。五十多本研究报告一售而空，挣来的钱准备买书，再进行下一项研究。

学生亲历了"提出问题—研究问题—汇总研究成果—创造研究价值"的过程，这样的过程是综合的、融合的。

（四）端午美食节

接着，全校师生投入到端午美食节中，将端午文化与美食融合在一起。大家漫游美食街，欣赏着《时空端午 文化之旅》的美好印记。孩子们展出的作品中，弥漫着阅读的味道、探究的味道、思考的味道、智慧的味道，这些味道与同学们亲手做的端午美食相遇，与端午粽叶香融为一体。

有了"端午文化之旅"的探究，我们的师生尝试到了项目式学习的快乐。此后，我们陆陆续续开展了"走近鲁迅""致敬袁隆平"等实践活动，实践成果先后在《当代教育家》等杂志发表。

二、跨越，2.0版本的线上项目式课程——融合性

时间来到了2020年，我们不得不转向线上教学。但正是这样的挑战，催生了我们的2.0版本项目式学习——线上项目式课程。我们设置了低、中、高三个年段的项目式主题目标，这些目标既有独立性，又有递进性，高年级的项目式活动是低年级活动的延续和提升。我们的设置情况如下。

（一）课程主要内容与目标

低年段：通过"2020年春节，我们为什么'宅'在家？"这一主题，引导

学生培养自我保护意识和生态平衡意识。

中年段：以“如何重新认识生态平衡？”为主题，培养学生对生态平衡的关注和保护意识。

高年段：通过“如何培育担当意识？”等主题，引导学生深入思考社会、文化、生态问题，培养生命观念和社会责任感。

（二）课程的重要性和意义

帮助学生保持学习的连续性和积极性，同时引导他们关注社会现实，培养社会责任感和担当意识。

通过跨学科融合和项目式学习，提升学生的综合应用能力和创新思维。

（三）2.0版本的课程特点

1. 跨学科融合：将不同学科的知识和技能融合在一起，形成完整的知识体系。

2. 实践性教学：鼓励学生通过实践操作学习新知识，掌握新技能。

3. 情境化教学：创设与现实生活紧密相连的情境，激发学生的学习兴趣。

4. 合作式学习：通过小组合作完成任务，培养团队合作精神和沟通能力。

5. 评价多元化：采用多种评价方式，全面了解学生的学习情况，促进自我反思和持续发展。

线上项目式课程不仅有效应对了教学挑战，还通过创新的教学方式促进了学生的全面发展，具有重要的教育意义和实践价值。

三、飞跃，3.0版本的年级项目式学习——系统性

2022年，随着我们对项目式学习的深入理解和把握，我们从学生成长的角度开始进行顶层设计，推出了3.0版本的年级项目式学习。

（1）项目式学习活动的目标设计。低年级的为自立、自主；中年级的为自主、自强；高年级的为自强、自信。

（2）项目式学习活动的主题设计。从低年级到高年级分别是认识自我、挑战自我、超越自我。

（3）项目式学习活动的年级规划。

2022—2023学年，对于各个年级我们分别设定了以下几个项目主题：我是一个棒小孩；做最好的自己；变化的我们；英雄的旅程；我们的长征路；当我

们遇到苏轼。

2023—2024学年分别是：闪亮小孩成长记；做最好的自己；变化的我们；我和我的朋友；一见岭南景，心生东莞情；博雅少年“拾”光行。

2024—2025学年分别是：我是一个棒小孩；做最好的我们；成长的摇篮；我和我的动物朋友们；征途；致敬伟大。

每一个项目式主题，都是紧扣学生年龄特点和认知规律进行设计的。一个学年来，我们年级的工作就紧紧围绕年级项目式工作开展，从开课仪式开始，一步一步落实，其中结合了研学实践、运动会、美食节、科技节、读书节、艺术节等活动，最后形成成果，在结课仪式上汇报，形成研究实践成果。

在3.0版本的项目式学习活动中，我们同时推行了分布式领导的治理——领衔式领导、商议式领导、介入式领导、主导式领导、活动式领导、融合式领导和自导式领导，我们深刻地感受到了分布式领导的积极意义。

从1.0到3.0，我们的项目式学习实践不断探索、不断前行。每一次的尝试都是对未知的挑战，每一次的收获都是对教育的深思。我们相信，在未来的日子里，项目式学习将继续引领我们的学生走向更加广阔的天地，让他们在探究中成长，在成长中绽放。

第四章　学校治理：项目式学习与分布式领导治理

第一节　分布式领导的理念概述及治理效能

分布式领导作为一种新兴的领导力模式，在教育学与管理学的交叉领域，正逐渐受到学者与实践者的广泛关注。本节旨在探讨分布式领导的理念内涵，并分析其在学校治理中的独特效能，以期为提升教育质量与管理水平提供理论支撑与实践指导。

一、分布式领导的理念概述

（一）定义与核心特征

分布式领导，顾名思义，是指领导权力与责任不再集中于单一个体或层级，而是根据情境需要，灵活地在组织内部多个成员或团队间分配与共享。这一模式强调领导力的多元性、动态性与情境适应性，打破了传统金字塔式组织结构中领导权力的固化格局。其核心特征包括：权力的分散性、角色的流动性、决策的参与性以及影响的广泛性。

（二）理论基础与发展脉络

分布式领导的理念植根于组织行为学、领导力理论及教育管理理论等多重视角。从组织行为学角度看，它强调组织结构的扁平化与成员间的协作；从领导力理论出发，它是对传统英雄式领导模式的反思与超越；而在教育管理领域，分布式领导被视为提升学校效能、促进教师专业成长与学生全面发展的有效途径。其发展脉络可追溯至20世纪后期的团队建设理论，经由领导力分布、参与式管理等概念的演进，逐步形成当前教育管理学界的重要议题。

（三）实践形态与实现路径

在实践中，分布式领导呈现出多样化的形态，如教师领导、团队领导、项目领导等，这些形态共同构成了学校领导力的多维网络。实现分布式领导的关键在于建立开放沟通的文化、鼓励创新与风险承担、提供领导力培训与发展机会，以及构建基于信任与尊重的组织氛围。通过这些措施，可以激发组织成员的内在潜能，促进领导力的广泛分布与有效发挥。

二、分布式领导在学校治理中的治理效能

（一）提升决策质量与执行效率

分布式领导模式通过广泛吸纳组织成员的意见与建议，能够更全面地考虑决策背景与影响因素，从而提高决策的科学性与合理性。同时，由于决策过程中的广泛参与，成员对决策的理解与认同感增强，有助于决策的快速执行与有效落实。在学校治理中，这意味着教育政策与教学改革措施能够更贴近师生实际需求，减少实施阻力，提升教育效果。

（二）促进教师专业发展与团队协作

分布式领导鼓励教师参与学校管理与决策，这不仅增强了教师的责任感与归属感，还为其提供了展示领导才能与专业知识的平台。在共同参与学校事务的过程中，教师间的学习交流与合作得到加强，促进了专业知识的共享与教学方法的创新。此外，团队协作能力的提升有助于构建更加和谐高效的教学团队，为学生创造更加优质的学习环境。

（三）增强学生参与度与满意度

在分布式领导模式下，学生作为学校生活的主体，也被鼓励参与到学校管理与决策中来，如通过学生代表会议、校园民主日等形式表达意见与建议。这种参与不仅提升了学生的自我管理能力与责任感，还增强了其对学校文化的认同与归属感。学校治理中对学生声音的重视，有助于形成更加以学生为中心的教育环境，提升学生的满意度与学习动力。

（四）优化资源配置与提升组织效能

分布式领导通过权力的分散与责任的共享，促进了组织内部资源的有效流

动与合理配置。各团队成员根据自身专长与任务需求，灵活调配资源，提高了资源使用效率。同时，分布式领导模式下的组织效能评估更加多元化与全面，不仅关注结果，也重视过程与情境因素，有助于及时发现并解决问题，持续提升学校整体效能。

（五）增强组织适应性与创新能力

面对快速变化的教育环境与日益多样的教育需求，分布式领导展现了其强大的适应性与创新能力。通过鼓励成员间的跨界合作与知识共享，学校能够更快地识别外部变化，灵活调整战略方向，创新教育模式与服务方式。这种灵活性与创新性是学校持续发展的重要驱动力，也是分布式领导在学校治理中最为显著的优势之一。

分布式领导作为一种符合时代要求的领导力模式，在学校治理中展现出了显著的治理效能。它不仅提升了决策质量与执行效率，促进了教师专业发展与团队协作，还增强了学生参与度与满意度，优化了资源配置，提升了组织效能，并增强了组织的适应性与创新能力。未来，随着教育实践的不断深入与理论研究的持续深化，分布式领导有望成为推动学校治理现代化、促进教育高质量发展的关键力量。

第二节 项目式学习管理促进分布式领导思辨

当今，教育理念的不断革新和教育模式的持续探索已成为推动教育发展的重要动力。其中，项目式学习作为一种以学生为中心、注重实践和创新的教学模式，逐渐受到教育界的广泛关注。与此同时，分布式领导作为一种新兴的领导力模式，以其灵活性和高效性，为学校的组织管理和教育教学提供了新的思路和方法。本节将结合具体案例，探讨项目式学习管理如何促进分布式领导的实践，并分析其在学校管理中的应用效果。

一、项目式学习管理与分布式领导概述

（一）项目式学习管理的内涵

项目式学习（Project-Based Learning，PBL）是一种以学生为中心的教学模式，它强调学生通过参与一个或多个项目来探究和解决问题，从而获取知识和技能。在项目式学习中，学生是主动学习者，他们通过团队合作、自主探索和实践创新来完成项目任务。而教师则作为指导者和促进者，为学生提供必要的支持和资源，帮助他们实现学习目标。

项目式学习管理则是指对项目式学习过程的规划、组织、协调和控制。它包括项目的选题、设计、实施、评估等环节，旨在确保项目式学习的顺利进行和目标的实现。学校通过有效的管理，可以提高学生的参与度、合作能力和解决问题的能力，同时促进教师专业素养的提升。

（二）分布式领导的内涵与特点

分布式领导是指领导权力不再集中于单一个体或层级，这种领导力模式强调领导力的多元性、动态性和情境适应性，鼓励组织成员根据自己的专长和能力承担领导角色，共同推动组织的发展。

分布式领导的特点包括：一是领导角色的流动性，即领导角色不再固定于某一个人，而是根据任务需要灵活调整；二是领导力的分布性，即领导权力在组织成员间广泛分布，每个人都有可能成为领导者；三是决策的参与性，即组织成员能够积极参与到决策过程中，共同制定组织发展的方向和策略。

二、项目式学习管理对分布式领导实践的促进作用

（一）项目式学习管理促进领导角色的多元化

在项目式学习中，由于项目任务的多样性和复杂性，需要不同专长和能力的教师共同参与。这促使教师根据自己的专长和兴趣承担不同的领导角色，如项目负责人、资源协调者、技术指导者等。这种领导角色的多元化不仅有助于发挥教师的专业优势，还能激发他们的积极性和创造力，从而推动项目的顺利进行。

例如，在我们学校五年级的项目式学习“我们的长征路”中，教师团队根据项目需求，分别承担了领衔式领导（负责顶层设计和整体规划）、商议式领

导（负责确定项目主题和制订实施方案）、介入式领导（邀请外部专家提供专业指导）、主导式领导（推进项目深度阅读）、活动式领导（组织研学实践活动）、融合式领导（实现学科融合与资源整合）和自导式领导（指导学生自主展演）等不同的领导角色。这些领导角色相互协作、互为补充，共同推动了项目的成功实施。

（二）项目式学习管理促进领导力的分布与共享

在项目式学习中，由于项目任务的复杂性和长期性，需要团队成员密切合作与有效沟通。这促使团队成员在合作中相互学习、相互借鉴，从而提升自己的领导能力和专业素养。同时，团队成员之间的领导力分布和共享也有助于形成更加开放、包容和协作的组织氛围，推动组织的持续发展。

在“我们的长征路”项目中，教师团队通过集体备课、教学研讨和资源共享等方式，共同提升了专业素养和领导能力。同时，团队成员之间的合作也促进了领导力的分布和共享，使得更多的教师能够在项目中承担领导角色，发挥专业优势。这种领导力的分布与共享不仅有助于提升项目的整体质量，还能激发教师的专业成长和发展。

（三）项目式学习管理促进决策的参与性和民主化

在项目式学习中，由于项目任务的多样性和学生的参与性，需要制定更加灵活和开放的决策机制。这促使组织成员更加积极地参与到决策过程中，共同制定项目的发展方向和实施策略。同时，决策的参与性和民主化也有助于提升组织成员的归属感和责任感，从而推动项目的顺利进行。

在“我们的长征路”项目中，教师团队在项目启动阶段就制定了详细的决策机制和流程，包括项目主题的确定、实施方案的制订、资源的分配和调度等。同时，教师团队还鼓励学生和家长积极参与，通过问卷调查、座谈会等方式收集意见和建议。这种决策的参与性和民主化不仅有助于提升项目的科学性和合理性，还能增强学生和家长的归属感与满意度。

三、项目式学习管理中分布式领导实践的应用效果

（一）提升项目式学习的整体质量

分布式领导在项目式学习中的应用有助于提升项目的整体质量。由于领导角色的多元化和领导力的分布与共享，团队成员能够充分发挥自己的专业优势

和创新能力，为项目提供更加全面和深入的指导。同时，决策的参与性和民主化也有助于提升项目的科学性和合理性，确保项目的顺利进行和目标的实现。

在“我们的长征路”项目中，教师团队采用了分布式领导模式，使得项目在顶层设计、主题确定、资源调配、活动组织等方面都得到了充分的保障。同时，团队成员的密切合作和有效沟通也促进了项目的顺利进行和质量的提升。最终，该项目取得了显著的学习成果和社会效益，得到了师生和家长的一致好评。

（二）促进教师专业素养的提升

分布式领导在项目式学习中的应用有助于教师专业素养的提升。由于领导角色的多元化和领导力的分布与共享，教师能够在项目中承担不同的领导角色和任务，从而锻炼自己的领导能力和专业素养。同时，团队成员之间的合作和交流也有助于促进教师的专业成长和发展。

这种教师专业素养的提升不仅有助于提升项目的整体质量，还能为学校的持续发展提供有力的人才保障。

（三）增强组织凝聚力和协作精神

分布式领导在项目式学习中的应用有助于增强组织凝聚力和协作精神。由于领导角色的流动性和领导力的分布与共享，团队成员之间形成了更加紧密和协作的关系。

在“我们的长征路”项目中，教师团队通过共同制定决策、分工合作和资源共享等方式，形成了紧密的合作关系。同时，团队成员之间的互相支持和帮助也使得项目在遇到困难时能够得到及时的解决和推进。这种组织凝聚力和协作精神不仅有助于提升项目的整体质量，还能为学校的持续发展提供有力的组织保障。

项目式学习管理作为一种以学生为中心的教学模式，具有显著的优势和潜力。而分布式领导作为一种新兴的领导力模式，以其灵活性和高效性为学校的组织管理和教育教学提供了新的思路和方法。通过将项目式学习管理与分布式领导相结合，可以促进领导角色的多元化、领导力的分布与共享以及决策的参与性和民主化。这种结合不仅有助于提升项目式学习的整体质量和教师专业素养，还能增强组织凝聚力和协作精神。

展望未来，随着教育理念的不断革新和教育技术的持续发展，项目式学习管理和分布式领导实践将在教育领域发挥更加重要的作用。一方面，我们需要进一步探索项目式学习管理与分布式领导有效结合的方式和方法；另一方面，我们也需要关注项目式学习管理和分布式领导实践在具体学校中的应用效果和影响因素。通过深入研究和持续改进，我们可以更好地发挥项目式学习管理和分布式领导的优势和潜力，为学校的持续发展提供更加有力的支持和保障。

第三节　基于项目式学习的分布式领导治理实践

分布式领导是一种高效的领导模式，它以正式领导为核心，采用集体领导的形式，旨在从组织的各个层面挖掘优秀人才。该模式根据任务特点和成员的不同能力，灵活调整领导角色，让领导职能在成员间动态更替，从而充分发挥每个组织成员的技能和才干，使组织变得更加灵活和高效。在本节中，我们将以“年级项目式活动”为载体，深入探讨分布式领导治理的七种方式，并以2022—2023学年五年级的项目式主题活动“我们的长征路”为例，来诠释分布式领导治理的实践应用。

一、“年级项目式活动”的缘起及界定

“年级项目式活动”是在我校推行“级长负责制”的背景下产生的。我们注意到，年级长的工作繁重且琐碎，到了期末总结时，往往只是一堆流水账，缺乏系统性和成就感。为此，我们创新性地引入了“年级项目式活动”，旨在统筹年级工作，提升年级实践效果。

“年级项目式活动”是以年级为单位，整合备课组、班主任以及其他学科教师资源开展的具有一定周期性的项目式活动。该活动将年级常规管理与教育教学工作相融合，以阅读为起点，融合课堂教学、研学实践、学校节日文化课程、教育戏剧表演和学习成果展示等多个环节，全面调动教师的积极性，深入开展教育教学研究，使年级工作呈现出系列化、系统化和成果化的特点。

二、分布式领导及其与年级项目式活动的契合

分布式领导以正式领导作为纽带，采用集体领导的形式来有效统筹运作。它从组织的各个层面挖掘人才，根据任务需求和成员能力来动态调整领导角色，以充分激发每个成员的潜能。随着组织结构的不断扁平化，分布式领导模式已经成为推动组织变革和释放组织张力的关键力量。

在年级项目式活动的开展过程中，我们的项目领导成员随着工作需求的变化而不断调整。校长的首要任务并非直接领导各项具体事务，而是通过培养一个领导群体，将领导力量渗透到整个组织中，通过汇聚领导的“流”来改进课堂教学和提升学生的表现。校长的作用，更多地体现在对这个领导者群体的引导和管理上。

三、基于“年级项目式活动”的学校分布式领导治理

在分布式领导的语境下，领导并非局限于某些特定的角色，而是存在于现实的角色关系之中。下面，我们将以2022—2023学年五年级的项目式主题活动“我们的长征路”为例，详细阐述分布式领导治理的实践应用。

（一）领衔式领导：教研部门完成顶层设计

“年级项目式活动”的设计始终围绕核心素养的养成展开。我们以“自主发展”为主线，结合学生的年龄特点和认知规律，从核心素养和项目主题等方面，梳理出各年级项目式活动的基本脉络，为年级设计项目式活动提供方向和参考。

这一顶层设计主要由学校的教研部门和德育部门共同研究完成，并作为后续各学年活动开展的思想框架。例如，五年级的项目式活动主题“我们的长征路”，就是在“自强、自信”这一核心素养的指导下确定的，旨在通过“长征群组英雄形象”引领孩子们超越自我。

（二）商议式领导：年级长与落级行政确定活动主题

年级长和落级行政根据学校制定的顶层设计，结合学生的年龄特点和认知规律，确定“年级项目式活动”的主题。这些主题通常以学年度为单位，持续深入地开展活动。

在2022—2023学年，我们各年级的项目式活动主题分别是：“我是一个

棒小孩”（一年级）、“做最好的自己”（二年级）、“变化的我们”（三年级）、“我们的长征路”（四年级和五年级）、“当我们遇上苏轼”（六年级）。

五年级“我们的长征路”主题的确定，是基于孩子们意志力不够坚定、分析问题的能力还在发展中的阶段特点，旨在通过有榜样引领、能培养心性、可塑造信念的实践活动，植入信念的种子，赋予他们选择与决定的动力。

（三）介入式领导：外部专家给予长征精神洗礼

在项目启动之初，我们邀请了高中历史老师为五年级学生带来了一节生动有趣的历史课《历史细节中的“长征”》。老师通过丰富的数据、直观的照片和视频资料，生动地展示了长征中的“数字”、“标语”和“人”，让学生身临其境地感受到长征的艰辛和伟大的理想信念。这节课在学生心中种下了信念与选择的种子。

（四）主导式领导：备课组长推进“长征”深度阅读

备课组长在推进项目深度阅读方面发挥了重要作用。语文学科通过整本书阅读的方式，引领学生深入阅读了《红军长征史》和《一个人的长征路》等书籍。在老师们的引导下，学生们饶有兴趣地阅读、思考，并在班级中开展了“铭记长征精神”讲故事比赛等活动，进一步巩固和深化了阅读成果。

（五）活动式领导：班主任开展“长征”研学实践

班主任在活动中担任了重要的领导角色。他们带领学生参加了“重走长征路，砥砺少年行”研学实践之旅，让学生亲身体验长征路的艰辛和伟大的长征精神。在研学过程中，学生们经历了徒步、模拟穿越火线、飞夺泸定桥等活动，感受到了革命先辈们的艰苦奋斗和自强不息的精神。

（六）融合式领导：学科教师绘制“长征”多元图谱

在项目中，学科教师也发挥了融合式领导的作用。他们结合各自学科的特点，将长征精神融入教学中。语文老师带领学生读长征书籍、画长征路线、讲长征故事，信息老师带着学生观看长征纪录片并制作长征小报，数学老师用数学的方式解读长征故事，体育老师设计了与长征著名事件相结合的游戏等。这些活动让学生从不同的角度和维度理解了长征精神。

（七）自导式领导：学生展演“长征”教育戏剧

在项目的最后阶段，学生们自己排演了教育戏剧《跨越百年，寮外学子与长征战士的时空对话》。他们用舞蹈、歌唱等方式演绎了长征战士和伟大的长征精神。这场汇报会不仅展示了学生们的学习成果，也进一步激发了他们对长征精神的传承和弘扬。

通过分布式领导治理的七种方式在“我们的长征路”项目式主题活动中的实践应用，我们深刻地感受到了分布式领导的优势和魅力。它激发了每个组织成员的潜能和创造力，推动了项目的深度开展和核心素养的落实。同时，我们也将继续探索和完善分布式领导治理的方式和方法，为学校的教育教学工作注入新的活力和动力。

第五章　年级治理：年级治理项目式实践

第一节　年级治理项目式实践概述

一、年级项目式活动产生的背景

级长是级部工作的第一负责人，隶属于德育处。德育处的工作比较繁杂，导致以往的级长在工作中疲于应付，慢慢地就没有了工作的主动性和创造性，变成了单纯的上传下达，日常的级部管理也变成了一些细细碎碎的琐事。这样的工作方式不但容易使级长在日复一日的重复工作中得不到成就感，也容易导致级部管理工作效率低下，而且容易将级部的教学管理工作边缘化。为了改变这一现状，整合级部的德育工作和学科教学管理，提高级部工作的主动性和创造性，我们实行级长负责制，级长要全面负责级部老师和学生的管理，统筹德育和教学的各方面工作，俗称“小校长”。那么如何才能真正落实级长负责制，让级部工作更有高度和深度呢？年级项目式活动应运而生。年级项目式活动以年级为单位，集合年级备课组和班主任的力量，将年级的常规管理和教育教学工作结合起来，以项目的方式开展，充分调动年级老师的力量，让学生获得更加广博和深入的发展，也有利于各年级将日常工作系列化、系统化。

二、年级项目式活动的基本解读

年级项目式活动是我们学校的创造性解读，活动围绕学生发展的核心素养，确立一个与学生认知年龄和能力发展相适应的年级主题，由级长统筹年级的所有学科教师的教学和年级管理中的各项事务开展项目活动。开展年级项目式活动，一般以语文学科的课内外阅读开启活动，将课堂与生活、学校与社会连接，将品行培育、习惯养成、审美熏陶等和学科教学融合，在级部的统筹下开展相关课程教学和项目主题活动，力求促进学生的全面发展。

三、年级项目式活动的实践开展

（一）年级项目式活动的核心素养与主题确立

开启年级项目式活动的第一要务是结合学生的认知年龄、身心发展规律和本年级各学科教材的特点，确立本年级学生的核心素养发展目标，然后根据核心素养目标确定年级项目式活动目标和年级项目式主题；年级项目式主题，要包括德育品格目标和学科素养目标，因为年级项目式活动是为培养学生的品格目标和素养目标服务的。我们的年级项目式活动课程设计框架见表5-1。

表5-1　年级项目式活动课程设计框架表

年级	核心素养	项目主题	项目活动典型案例	研学实践典型案例
一	自立、自主	认识自我	我是一个棒小孩	探索湾区自然学校
二	自立、自主	认识自我	做最好的自己	城市猎人之寻找老莞城
三	自主、自强	挑战自我	变化的我们	莞草种植探秘及编织体验
四	自主、自强	挑战自我	英雄的旅程	东江探秘
五	自强、自信	超越自我	我们的长征路	世界地图之重走东纵路
六	自强、自信	超越自我	当生活遇见苏轼	海岛探险及露营

（二）年级项目式活动的开展与实践成果

在年级项目式活动目标的指引下，以全学科阅读为线索，通过阅读各学科与年级项目式主题相关的书籍，再分步开展各种形式的学科融合项目活动。为了更好地检测年级项目式活动的开展情况，各年级都要举行项目启动仪式、中期汇报活动和结课仪式，以此检验学生在活动过程中的品格目标和素养目标达成情况。

过去的一个学年，一至六年级的年级项目式主题依次是：“我是一个棒小孩”“做最好的自己”“变化的我们”“英雄的旅程”“我们的长征路”“当生活遇见苏轼”。下面将依次简要介绍各年级项目式活动的开展情况。

1. 一年级“我是一个棒小孩”

一年级的“我是一个棒小孩”，结合学生刚入小学的情况，开学第一天以儿歌、绘本故事为主要媒介，通过温暖、有趣的方式，为孩子架设了一座安全的桥梁，实现幼小的柔性衔接。“我是一个棒小孩”将积极向上、爱好阅读、身心健康、品行端正、视野广阔五项指标作为年级项目式活动的目标。活动以联系孩子生活的主题绘本阅读开启，以音乐课的课中操、用语文儿歌创编的武术操、习惯养成闯关游戏、研学活动课程等方式进行学科融合，开展项目活动，追求学科教学的融合性和趣味性，将习惯养成变成游戏项目，将研学实践与课程连接，融合德育教育和学科教学，着重让孩子在年级项目式课程和活动中认识自我，悦纳自我（见图5–1）。

图5–1　研学实践：探索湾区自然学校

2. 二年级“做最好的自己”

二年级“做最好的自己”，结合学生的年龄特点，对一年级“我是一个棒小孩”主题项目课程进行延伸和递进。“做最好的自己”将项目活动目标确定为“让学生学会欣赏周围的世界，继而不断与世界互动，汲取力量去成长为最好的自己”。活动围绕“自立、自主、自信”的核心素养定位，将“做最好的自己”分解成五大板块进行学科融合，分别是：校园职业采访找榜样，学科融合比赛挑战自己，主题阅读汲取力量，研学实践活动展现自我，课程庆典绽放自我。我们用项目式课程的思维，融合多学科，从而让二年级的孩子在自信的基础上，生活自立，学习自主，从而成为最好的自己。

3. 三年级“变化的我们”

三年级“变化的我们”根据三年级学生开始关注自己和他人、能够感受万物变化的年龄特点，确立了年级项目主题。活动从共读《一百条裙子》开启，融合语文和美术学科，让学生在学会欣赏别人、尊重他人的同时开发其想象力和创造力。活动通过“感受环境变化、二十四节气课程、研学实践体验”等项目课程，紧扣“变化”连接学生的学习和生活，让学生感受项目活动中的自我变化和学习成长，从而引导学生关注生活，关注他人，感悟成长，感悟美好。

4. 四年级的“英雄的旅程”

四年级的“英雄的旅程”结合学生自我意识形成的心理发展关键期，确立“帮助学生在学习和成长过程中种下一颗正义的、正向的、积极的种子，坚定自己的内心，引领自己的方向”作为项目活动目标。我们结合四年级的各科教材，统筹语文、音乐、美术学科和学校的体育节活动，开展项目式活动。我们以“作为一名小学生，我们该如何向英雄榜样看齐，成为自己的英雄？”为问题驱动，设计了“追寻英雄——致敬英雄——学习英雄——成为英雄”四个递进的项目活动，使学生在英雄主题项目课程学习中，感受英雄的高贵品质，勇往直前，并最终在这样的投射和影响下，踏上自我寻找之旅，拥有自己的英雄传奇，实现思想道德上的成长，成为自己的英雄。

5. 五年级“我们的长征路”

五年级“我们的长征路”根据五年级学生意志力不够坚定、分析问题能力有待发展的年龄特点，将“坚定信念做自己，选择榜样去追梦，走好当代长征路”作为项目课程目标，以共读《一个人的长征》《红军长征史》《西游记》开启课程。活动通过“与历史对话，感受长征精神洗礼；与阅读同行，汲取长征精神力量；与实践同频，体验长征行军艰辛；与学科融合，感悟长征精神不朽”四个项目活动课程，让学生找寻自己的长征路。学生们在项目活动中感受生活的艰辛，得到榜样的引领，培养了坚韧的心性和坚定的信念，拓宽了视野，提升个人品质。

6. 六年级“当生活遇见苏轼”

六年级的“当生活遇见苏轼”是根据六年级学生有了一定的生活能力，但遇到挫折又容易悲观的年龄特点而确定的项目式主题。活动将“带领学生体验苏轼的挫折人生，感受苏轼达观的心态，学习苏轼热爱生活的人生态度”作为年级项目式课程目标。活动以共读《苏轼传》为学习主线，设计了“绘制苏轼的人生地图，制作苏轼的绝味美食，背诵苏轼的诗词歌赋，苏轼来到我身边”等四个项目活动课程。“一本书的阅读，一首词的书写，一曲传唱，一部戏剧……孩子们用不同的方式走近、了解并认识苏轼。”最后，活动让学生明白，不管顺境还是逆境，都是人生。每个人不一定都要成为最优秀的人，但可以活出自己的趣味和光芒。活动充分引导学生做一个热爱生活的乐观者。

六个年级的项目式活动，根据学生的年龄特点，通过各年级项目式活动之间的衔接和递进，旨在让学生从低年级的“认识自我”到中年级的“挑战自我”，再到高年级的“超越自我”的螺旋上升的项目活动中，培养“自立、自主、自强、自信”的核心素养。年级项目式活动的开展，让级部工作有了聚焦的重点和核心，也让零散的级部管理工作有了主题引领的高度，以及辐射教学与德育的广度，也更能够团结级部师生齐心协力向一个共同的目标努力，能有效促进各年级团队的凝聚力和专业性，实现师生的共同成长。

第二节　闪亮小孩成长记

本节将结合寮步镇外国语小学一年级“闪亮小孩成长记”项目式学习的实践，探讨如何通过多元培养策略，促进学生的幸福成长。

一、项目背景与目标

（一）项目背景

随着《中国学生发展核心素养》的提出，培养学生的核心素养已成为教育领域的重要任务。核心素养包括文化基础、自主发展、社会参与三个维度，涉及人文底蕴、科学精神、学会学习、健康生活、责任担当、实践创新六大素养。为了落实这一理念，寮步镇外国语小学一年级决定开展“闪亮小孩成长记”项目式学习，旨在通过多元培养策略，促进学生的全面发展。

（二）项目目标

本项目旨在通过一系列丰富多彩的活动，激发学生的潜能，培养其核心素养与认知能力。其具体目标包括：

（1）通过国学教育，让学生感受中华文化的博大精深，培养其审美情趣和人文素养。

（2）通过节日文化教育，让学生了解中国传统节日的历史渊源和文化内涵，增强其民族自豪感和归属感。

（3）通过感恩课程，培养学生的感恩意识，促进其心灵健康成长。

（4）通过全课程教学和绘本漂流活动，实现学科间的有机融合，培养学生的综合素质。

（5）通过研学活动，让学生在实践中探索新知，培养其创新能力和实践能力。

二、项目实施过程

（一）启动阶段——闪亮启航

在启动阶段，我们围绕“如何培养一年级孩子的核心素养与认知观”进行深入思考，并受《中国学生发展核心素养》的启发，确定了“闪亮小孩成长记”的项目主题。该项目包含五大子项目活动，分别是经典启智国学育心、节日传情文化塑心、寸草春晖恩泽润心、学科融合智慧启新、实践求知学海探新（见图5-2）。通过本项目式学习，学生能够更好地认识自我，从而幸福完整地成长。

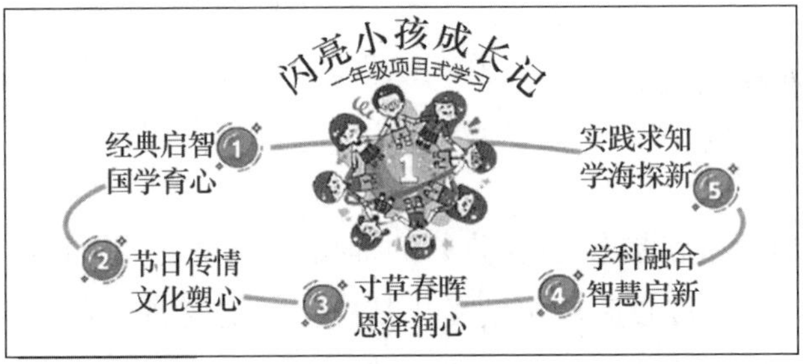

图5-2 “闪亮小孩”成长图谱

（二）实践阶段——多元培养

1. 经典启智　国学育心

国学知识是中华民族千年文化的瑰宝，孩子通过国学启蒙，能够感受优美的语言、美好的情感与故事，从而学会更好地表达、明理、审美。我们认为，国学教育不仅仅是知识的传授，更是一种生活态度和价值观的培养。因此，在项目实施过程中，我们注重通过诵读经典、讲解历史故事等方式，激发学生对传统文化的热爱和兴趣。

例如，在晨诵时，孩子们会伴着优美的旋律诵读经典诗词，通过反复诵读，孩子们能够理解传统美德的重要性，并学会在日常生活中践行这些美德。同时，我们还通过组织国学知识竞赛、书法比赛等活动，让学生在参与中感受传统文化的魅力，培养其文化素养和审美能力。

2. 节日传情　文化塑心

在中国传统文化中，节日文化具有深厚的内涵和丰富的表现形式。为了让学生了解中国传统节日的历史渊源和文化内涵，我们设计了节日历史课、习俗课、礼仪课、艺术课等课程。通过这些课程的学习，孩子们不仅能够了解节日的起源和传说，还能够学习相关的习俗和礼仪，并在实践中体验传统文化的魅力（见表5-2）。

表5-2　传统节日课程设计与安排表

中国节	课程设计	成果展示
春节	节日习俗课、礼仪课、美食课	《我的年夜饭》（美术） 《我的全家福》（语文） 《细“数”压岁钱》（数学）
元宵节	节日习俗课、艺术课	《元宵灯会　月下灯语》 （美术&语文）
清明节	节日历史课、习俗课	《清明知多少》（语文） 《绘清明　画青团》（美术）
端午节	节日历史课、习俗课、故事课	《端午佳节　粽香四溢》（语文） 《小手画龙舟》（美术）
中秋节	节日习俗课、故事课	《我和月亮做朋友》（语文） 《“Meet” Autumn Day》（英语）
国庆节	爱国主义教育、学唱国歌	《祖国的一角》（语文）

例如，春节时，我们讲述年兽的故事，让孩子们了解贴春联、放鞭炮的传

统习俗，并引导他们参与制作春联、剪纸等活动，感受家庭团聚的温暖；中秋节时，我们讲述嫦娥奔月的传说，让孩子们学习赏月、吃月饼的习俗，并组织制作月饼、灯笼等活动，体会团圆和分享的快乐。通过这些节日课程，孩子们不仅学习了中国的节日文化，还在实践中体验了传统文化的魅力，增强了对民族文化的认同感和自豪感（见图5-3）。

图5-3　节日课程活动拼图

3. 寸草春晖　恩泽润心

感恩教育是培养学生良好品德和健全人格的重要途径。为了培养学生的感恩意识，我们设计了感恩课程的五个环节：感恩主题课（播撒感恩种）、感恩行动（实践感恩行）、感恩分享（共鸣家长心）、感恩文化（熏陶文化园）和感恩宣传（广传感恩意）（见图5-4）。这些环节的实施，让孩子们学会感恩父母、感恩老师、感恩同学、感恩社会。

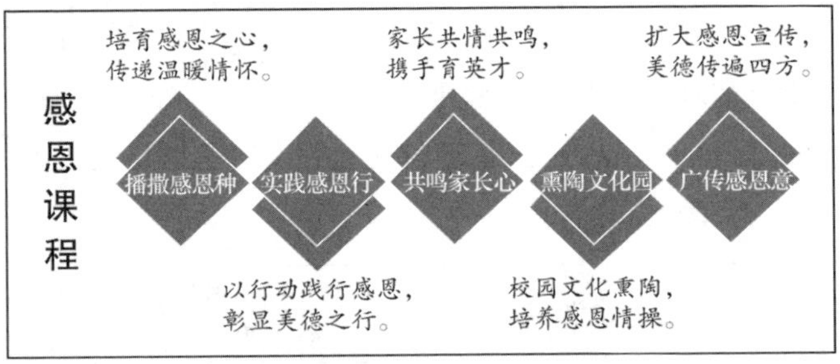

图5-4　感恩课程实践流程图

在感恩主题课上，老师们讲述感恩的故事和道理，播撒感恩的种子，促进孩子心灵健康成长。课后及日常生活中，我们会引导孩子通过实际行动表达感激之情，如常对妈妈说“我爱你”、父亲节给爸爸们颁发最佳爸爸奖状、记录妈妈喜好调查表等。同时，我们还鼓励孩子们记录日常生活中值得感恩的小事，培养他们发现生活中美好事物的能力。每次的感恩行动我们都会在班群中进行分享，激发家长的情感共鸣，共同营造支持和鼓励孩子成长的家庭环境。

此外，我们还将感恩文化融入校园生活，如通过举办感恩节活动、设立感恩墙等方式，让孩子们在充满爱与尊重的环境中成长。通过这些活动，孩子们逐渐学会了感恩，懂得了珍惜和回报，为其未来的成长打下了坚实的基础。

4. 学科融合　智慧启新

在项目实施过程中，我们注重学科间的有机融合，以培养学生的综合素质。通过全课程教学和绘本漂流活动，我们实现了这一目标（见表5-3）。

表5-3　“发现春天”学习探究设计

全课程《发现春天》			
1	“探”春	学习课本和全课程的课文；寻找校园里的春天；播撒春天的种子	语文音乐美术科学融合
2	“咏”春	春天的歌曲；春天诗词大会	
3	“写”春	写春天的计划；写春天的小诗；做春天的小书；听春天的声音；春日里做一件美好的事	
4	“绘”春	春牛图；春天的花园；拓染春天	
5	“集”春	放飞希望的风筝；留住春天的色彩；装进瓶子里的春天	

在全课程教学中，我们以《发现春天》为例，带领孩子们通过“探”“咏”“写”“绘”“集”五个环节发现春天的奥秘。在这个过程中，我们融合了语文、音乐、科学、美术等多个学科的知识和技能，让孩子们在探索中学习、（见图5-5）。通过这种跨学科的教学方式，孩子们不仅掌握了相关知识，还培养了观察、思考、创新等能力。

图5-5　《发现春天》学习活动图集

在绘本漂流活动中，孩子们经历了“享”绘本、“读”绘本、“赏”绘本、“演”绘本的过程。通过这个过程，孩子们能够更好地理解故事情节和人物性格，提高阅读兴趣；同时，还能够培养语言表达能力、团队合作精神和创造力。这些活动不仅丰富了孩子们的课余生活，还为其未来的学习和成长提供了有力支持。

5. 实践求知学海探新

除了校内的课程活动外，我们还注重将项目式学习与研学活动相结合。我们通过组织孩子们参加研学旅行、社会实践等活动，让他们在实践中探索新知、增长见识（见表5-4）。

表5-4　一年级研学实践活动课程设计

挑战自我 畅想未来 ——寮步镇外国语小学一年级研学实践活动	
1	周详策划 蓄势待发
2	百步穿杨 释放力量
3	丛林穿越 身轻如燕
4	古法造纸 创造美丽
5	走进自然 探寻中草药
6	丛林寻宝 欢乐多多
7	月下露营 挑战自我

在研学活动中，孩子们能够亲身感受到不同地域的文化差异和自然景观的美丽。例如，在参观博物馆时，孩子们能够通过观察展品、听取讲解等方式了解历史文化的变迁和发展；在游览自然风光时，孩子们能够欣赏到大自然的壮丽景色并感受保护环境的重要性。这些活动不仅拓宽了孩子们的视野和知识面，还培养了他们的实践能力和创新意识。

（三）成果展示——幸福共长

经过一个学期的项目实施，我们取得了显著的成果。孩子们在国学启智、节日文化、感恩教育、学科融合及实践求知等方面都得到了全面的发展。

在国学启智方面，孩子们通过诵读经典、学习历史故事等方式，不仅提高了文化素养和审美能力，还学会了在日常生活中践行传统美德。在节日文化方面，孩子们通过参与节日课程和相关活动，不仅了解了中国传统节日的历史渊源和文化内涵，还增强了民族自豪感和归属感。在感恩教育方面，孩子们学会了感恩和珍惜，懂得了回报社会和他人的重要性。在学科融合方面，孩子们通过跨学科的学习和实践，培养了观察、思考、创新等能力。在实践求知方面，孩子们通过研学活动和社会实践等方式拓宽了视野和知识面，培养了实践能力和创新意识。

此外，我们还通过制作成长纪录片、举办成果展示会等方式向家长和社会展示了项目实施的成果。这些活动不仅得到了家长和社会的认可和赞誉，还激发了孩子们的学习兴趣和自信心。

三、项目反思与展望

（一）项目反思

通过本次“闪亮小孩成长记”项目式学习的实践探索，我们深刻认识到多元培养策略在促进学生全面发展方面的重要作用。同时，我们也发现了一些需要改进的地方。

课程资源整合不够充分。在实施过程中，我们发现部分课程资源整合不够充分，导致部分活动效果不够理想。因此，在未来的项目实施中，我们将更加注重课程资源的整合和优化利用。

评价方式需更加多元化。在项目实施过程中，我们主要采用了传统的评价方式如考试、作业等对学生进行评估。然而，这些评价方式往往无法全面反映学生的综合素质和能力水平。

（二）项目展望

展望未来，“闪亮小孩成长记”项目将继续深化多元培养策略的实践探索，不断优化课程资源整合和评价方式改革。同时，我们将积极借鉴国内外先进教育理念和实践经验，不断创新项目内容和形式，为学生的幸福成长提供更加丰富的资源和支持。我们相信，在全体师生的共同努力下，“闪亮小孩成长记”项目必将迎来更加辉煌的明天！

第三节　做最好的自己

时光的画卷，在寮外大地上缓缓铺展着，一则关于成长与飞翔的传奇故事即将上演。而故事的主角，宛如一粒粒被风轻轻吹落的种子，不经意间落入土壤。从“我是一个棒小孩”到“做最好的自己”，他们在自我认知的道路上不断前行，从认识自我到悦纳自我，再到与世界互动，最终实现自我的成长。

一、梦幻启航：你好，二年级

开学伊始，孩子们脑海中便浮现一个疑问：二年级会是怎样的呢？根据孩子们的疑惑，老师们索性抛出两个问题。

1. 你眼中的二年级是什么样的？

2. 你眼中的二年级学生有哪些标签？

根据这样的驱动性问题，老师们带领孩子们走进全课程资源手册，去寻找答案。《我上二年级了》中，老师引领孩子们去接受二年级学生这个新身份。文本《我喜欢自己》，更是告诉孩子们，不论怎样，自己都是独一无二的，应喜欢自己的优点，接受自己的缺点，从而悦纳自己，培养自信。

二、沟通艺术：我会好好说

【校园大采访】

在第29个教师节来临之际，老师组织二年级的学生开展了校园大采访活动，让每个学生采访教职工，了解老师工作的辛苦，感受老师默默耕耘、无私奉献的精神，表达对老师的敬爱之情。采访过程中，老师们面对那一声声稚嫩的“老师节日快乐”，忍不住地嘴角上扬。孩子们为了表达对老师的祝福，还亲手制作了小礼物，送给采访过的老师。礼物可能是一张自制的贺卡、一块小小的糖，是一个苹果、一块饼干，抑或是一支笔、一枝花，又或者是一个杯子、一个蛋糕……礼物虽小，但它们代表的是孩子们对老师的喜欢，对老师的爱。我们传授给孩子们正确处理身边关系的方法和有效的沟通技巧，通过在校园采访各个岗位的老师这一活动，培养孩子们的倾听与表达能力，更让孩子们感受到学校教职工们的辛苦，从而发自内心感恩老师、敬畏老师。

【红色故事剧场】

在学期中段的悠悠时光里，语文老师们匠心独运，巧妙地借助统编版语文教材中革命先辈的壮烈事迹，引领孩子们踏上了一段段红色记忆的探寻之旅。他们不仅组织孩子们精心编排红色故事，还举办了一场场激情澎湃的讲故事大赛。孩子们通过亲身代入那些英雄角色，深切地感受着革命先辈的英勇无畏与崇高精神，从而在心中悄然种下自强不息的种子，培育出一片片炽热的爱国情怀，如同璀璨星辰，照亮他们前行的道路。

三、自强之路：宝贝向前冲

【研学活动】

袅袅清风起，最美人间秋。为引导孩子们从书本走向生活，从课堂走向社会，让孩子们在实践中研有所获，学有所得。10月末，二年级师生开展了以“弘扬爱国精神，践行劳育立德”为主题的研学实践活动。在老师们的带领下，孩子们来到美丽的水濂小镇横岗湖研学教育实践营地，开展为期一天的研学实践活动。孩子们走进绿色，拥抱自然，邂逅历史，传承革命精神。

为了更好地实现本次研学的活动目标，让孩子们把握机会，切切实实地研究学习，各班在研学前特意开展了研学导学课。研学相关负责人向孩子们分发了研学手册，介绍了研学路线、研学课程、体验项目，并认真地开展安全教育，做好温馨提示。

清晨，孩子们沐浴着微风，背着鼓鼓囊囊的小背包，怀着难以掩饰的好心情来到校园集结待发。班主任再次对孩子们进行安全教育，并组织孩子们有序登车，一路上充满了欢声笑语，一张张童真的脸上写满了欢喜，一个个激动的眼神装满了好奇与向往。

为了让学生感受到当年人们为红军前线运送物资的艰难，我们利用特制的道具和场景，模拟红军及群众在革命年代的艰苦奋斗历程，分别设置了四个团体游戏：巨力之臂、投弹训练、支援前线、匍匐前进。在不同难易程度的阻碍下，孩子们体能大爆发，投掷手榴弹，拉着轮胎，推着独轮车，在各种障碍物间穿行，遇到困难决不退缩，咬紧牙关坚持到底，既完成了一场有意义的冒险，又享受了运动的乐趣。我们在实践中培养了学生的爱国主义精神和吃苦耐劳的精神。

另外，在实践营地里，通过专业讲师的讲解，孩子们学习到了许多有关种子培育、科学种植等专业领域的知识，了解了种植的过程与植株生长所需的基本条件，从而懂得生命萌发的神奇和不易。此外，孩子们根据导师的要求，种植了属于自己的盆栽蔬菜，把绿色带回家，真正体验到了劳动带来的快乐，大大激发了他们对弱小生命的保护欲与责任感。

经历是最好的成长，研学是最好的相遇。一场研学之旅，让孩子们在浪漫的秋景中遇见美好，在行走的课堂中收获见识，成为最好的自己。

四、自立挑战：小鬼来当家

【厨艺争霸赛】

当寮外首届美食节的悠扬钟声激荡心弦之际，我们年级精心策划的系列活动——“厨艺争霸赛”也如约而至。此次美食节活动围绕我国博大精深的八大菜系徐徐展开，而粤菜，作为广东省璀璨的饮食文化瑰宝，自然成为首届美食节的焦点。在老师们的悉心引导下，孩子们对粤菜的历史渊源与独特风味有了初步的认识和理解。国庆节假期期间，他们更是满怀创意与热情，精心绘制了一幅幅手抄报，将所学所得融入其中，展现了对粤菜文化的浓厚兴趣与独特见解。

在这个热闹而充满喜庆氛围的国庆节假期里，孩子们的热情如潮水般汹涌澎湃，他们动手制作水果拼盘，不仅为伟大的祖国献上了一份别致的生日贺礼，还以实际行动践行着对祖国的深情厚谊与无限热爱。红旗招展，见证着他们的能力提升与成长；手绘美食，则是他们用心描绘的一幅幅对祖国美好未来的憧憬与向往。在这个过程中，孩子们不仅学会了如何做好一道菜，还学会了如何用心去感受生活、热爱祖国，努力成为更好的自己。

五、追梦之旅：争做追梦人

（一）期末戏剧

将《丑小鸭》戏剧表演作为结课仪式上的一颗璀璨明珠，旨在点燃孩子们内心勇敢追梦的火花，激励他们不懈追求，成为自己心灵深处那个闪耀的最佳自我。在绚烂的舞台上，孩子们身披栩栩如生的小动物装扮，化身为故事中鲜活的角色，尽情挥洒他们的表演天赋，演绎着丑小鸭勇敢蜕变、追寻自我的动人篇章。这一幕幕精彩的呈现，不仅是他们表演才华的璀璨绽放，更是团队合作精神的生动诠释，象征着孩子们在成长的道路上携手并进，共同跨越挑战，成功抵达了成为"最佳自我"的彼岸，开启了人生新旅程的辉煌篇章。

（二）期末游考

当期末的脚步声在耳边回响时，一场独特的文化之旅——期末游考活动，在美丽的校园简单而隆重地举行。活动以"世界是个博物馆"为理念，以"世界即馆，等你来探"为活动主题，将学习与游玩相结合，让孩子们在亲身体验中感受知识的魅力，激发他们对学习的热情。世界即馆，每一步都踏响历史的回音，每一眼都遇见文化的璀璨。

本次游考不仅注重孩子们的学习体验，检验了孩子们的学习成果，更融入跨学科理念，培养了孩子们的想象力、创造力以及审美能力，增强了孩子们的文化自信，全方位地巩固各学科的核心素养。

游考之旅，是一场心灵的远航，也是知识的盛宴。在这条充满趣味和挑战的路上，我们以笔为舟，以梦为帆，穿梭于题海之间，探寻智慧的宝藏。愿我们都能以最好的状态，迎接每一次挑战，享受这段独特而宝贵的旅程。

"让每一个孩子都能成为更好的自己。"当这句话回荡在寮外这个美丽的校园中时，它的精髓也跟着落地生根，拔节生长。它轻轻回荡，如同晨曦微露时最温柔的呢喃，它不仅触动了心弦，还在这片教育的沃土上深深扎根，茁壮成长，绽放出希望之花。未来，"做最好的自己"项目课程将继续探索更多元的活动形式和内容，以满足学生不断增长的需求，为做最好的自己打下坚实的基础。

第四节　探索眼中的世界

在教育的广袤天地中，如何让学生真正领略知识的魅力、触摸世界的多元纹理，成为每一位教育工作者不懈探索的课题。我们基于三年级学生的特点与实际情况，以语文部编版教材为基石，精心设计并开展了“探索眼中的世界”年级项目式活动，带领学生穿梭于不同维度的世界，收获成长与感悟。加德纳的多元智能理论主张人的智能是多元的，包括语言智能、逻辑数学智能、空间智能、音乐智能、自然探索智能等。项目活动全方位顾及多种智能发展，通过三个维度去认识身边的世界，从过去到现在，最后到未来的不同角度去感受世界的多样性，如同孩子们的成长有无限可能性一样。

一、探索理论：点燃实践火种

美国诗人沃尔特·惠特曼曾诗意地叩问：“一个孩子捧着一捧草问我那是什么草。我该如何回答？我知道的并不比他多。”这简短的诗句却蕴含着深刻的教育哲理——再多的言传，也不及学生亲身实践。三年级的学生，正处在对世界充满好奇、渴望探索的关键阶段，他们不再满足于书本上的文字，而是急切地想用双手、双眼去感知真实的世界。

于是，“探索眼中的世界”项目式活动应运而生。这一活动紧扣语文部编教材，打破传统课堂的局限，让学生走出书本的“舒适圈”，迈向广阔的知识天地。设定这一项目，旨在引导学生从不同视角探索世界，在探索的旅程中，实现从世界认知自我，又由自我再深入世界的良性循环，为他们的成长之路铺上绚丽的知识底色。

二、传统世界：溯源文化之根

（一）教材为基，开启非遗启蒙

传统文化宛如一座巍峨的宝库，非遗文化则是其中熠熠生辉的明珠。三年级团队巧妙整合部编教材中的传统文化篇章，以《纸的发明》、《赵州桥》以及《一幅名扬中外的画》这三篇文章为切入点，为学生打开了一扇了解非遗及传统文化的窗户。

在课堂上，老师们以部编教材中《纸的发明》为蓝本，绘声绘色地讲述着纸从无到有的神奇历程，让学生们惊叹于古人的智慧；以《赵州桥》这篇文章展开对古代建筑的了解，阐释着古代建筑中蕴含的生活美学与历史沉淀，使学生们领悟到建筑不仅仅是遮风挡雨之所，还是民族精神的承载；通过《一幅名扬中外的画》剖析绘画艺术在传统文化长河中的独特韵味，激发学生对艺术瑰宝的热爱。从这些教材篇章出发，学生们初步构建起对中华优秀传统文化的认知框架，为后续的深度探索筑牢根基。

（二）实地探寻，沉浸非遗海洋

理论知识固然重要，但唯有与生活实际紧密相连，才能真正扎根于学生心间。三年级组带着学生跟着课本去参观东莞的非遗文化，为了让这次出行更具成效，活动前在班级开展先导课。老师在先导课上向学生们详细介绍此行的目的，引导学生去发现、探索自己心仪的非遗文化和项目，并且给予每个孩子充分的自由，让他们的参观不设边界，真正做到“看到即所得”，全身心地沉浸在非遗世界中，多元且深入地了解身边丰富多彩的非遗文化。

参观归来，传承的接力棒悄然传递，学生们继续完成《我是小小非遗传承人》学习单。他们如同专注的小学者，深入挖掘一项非遗文化的历史渊源，细致探究其制作过程。通过这份学习单，学生们不仅拓宽了知识面，更真切地感受到学习无处不在，它可以发生在课堂，更可以延伸至生活中的每一个角落。

（三）手工体验，感悟非遗魅力

了解非遗，更要亲身体验非遗的魅力。在传统手工艺制作环节，手塑陶泥和扎染成为学生们施展创意的舞台。手塑陶泥时，从最初的揉泥，到精心地捏塑，再到赋予泥巴独特的形状，每一个步骤都由学生们亲手完成。看似简单的过程，却激发了学生们无限的想象力，他们可以随心所欲地创作。在这里，没有好坏的评判标准，每个学生都是独一无二的艺术家，尽情享受创作的快乐，感受传统非遗文化的温度。

扎染项目同样精彩非凡。从如何巧妙地捆绑方巾，到精心挑选上色颜料，再到满心期待地等待晾干，学生们全程参与。看着自己亲手制作的作品在风中摇曳，图案或肆意奔放，或规整如鱼鳞，各具神奇，他们心中满是成就感。即使在狂风中，学生们还忙着“抢救”方巾，那一刻，他们对作品的珍视、对非遗的热爱展露无遗。这些作品还被制作成别样的展示形式，骄傲地呈现在众人面前，诉说着学生们与非遗的美好故事。

（四）寓言阅读，传承文化智慧

传统文化的内涵丰富多元，除了非遗，寓言故事也是其中不可或缺的一部分。结合本学期部编教材中遍布的寓言内容，三年级开展了阅读《中国古代寓言故事》以及班级分享、讲寓言故事比赛等活动。在阅读分享中，学生们如同古代智者的传人，用稚嫩却充满力量的声音讲述着一个个寓意深刻的故事，既锻炼了口语表达能力，又在潜移默化中传承了中华优秀传统文化蕴含的智慧，让古老的寓言在新时代的课堂中焕发出新的生机。

三、探索成长：挑战未知领域

在回溯过去的同时，关注当下成长同样至关重要，这便是项目式活动的第三篇章——探索成长世界。

（一）攀岩挑战，突破自我极限

成长之路从不平坦，充满了各种挑战。在研学活动中，三年级组选择攀岩项目，让学生直面身体与心理的双重考验（见图5-6）。攀岩，绝非单纯依靠体力，同时技巧固然关键，但更需要的是勇气。当学生们系上安全带，踏上攀岩壁的那一刻，他们所依赖的勇气，正是源于平日里对身边世界的点滴了解与积累。而在攀爬过程中，来自朋友的声声鼓励，如同温暖的阳光，驱散他们内心的恐惧，让他们收获自信心。每一次成功登顶，都是对自我的一次超越，完美契合了培养孩子坚毅品质的教育目标。

图5-6　挑战自我之攀岩

（二）共读经典，沉淀阅读素养

书籍是成长的良伴，本学期三年级师生共读《夏洛的网》，携手踏上共同成长之旅。阅读过程中，学生们养成了用读书笔记记录点滴收获的好习惯，他们或是摘抄书中的优美语句，或是写下自己的感悟思考，一笔一画间，“不动笔墨不读书”的理念悄然生根。读书笔记见证了他们的阅读足迹，培养了他们的阅读习惯，更让阅读变得有迹可循、有思可悟。

为了让阅读成果可视化，手抄报成为学生们大展身手的平台。他们精心挑选书中精彩片段，搭配上富有创意的插画，兼顾排版的美观与文字的凝练。在制作手抄报的过程中，学生们不仅加深了对整本书的理解，还锻炼了排版审美能力，一幅幅精美的手抄报张贴在教室墙壁上，宛如一扇扇通往书籍世界的窗户，展示着学生们阅读的深度与广度。

（三）戏剧展演，绽放语言魅力

阅读的升华是演绎，将《夏洛的网》经典故事搬上舞台，无疑是本次项目式活动的一大亮点。各班级先是分组进行戏剧排练，学生们化身书中角色，揣摩人物心理，打磨台词动作。随后班级内进行推荐选拔，脱颖而出的孩子参与年级戏剧展演。舞台上，他们全情投入，用生动的表演全方位展现出语言的魅力。学生们对戏剧的热爱超乎想象，他们天生就是舞台上的闪耀之星。在戏剧的世界里，他们收获的不仅是表演技能，更是团队协作、情感表达等综合素养的提升。

四、宇宙世界：仰望未来星空

世界由过去、现在与未来交织而成，传统文化承载着历史的厚重，而宇宙世界则引领学生们展望充满无限可能的未来。我们通过课程整合，将部编教材中的相关内容向课本外延伸，让知识跨越书本与生活的界限。

为了给学生们开启宇宙探索之门，学校邀请东莞外国语学校繁星天文社的莫老师，带来一场主题为“追逐繁星的孩子——四季星空”的讲座。莫老师就像一位来自宇宙的使者，用生动形象的语言为学生们描绘了宇宙天空四季更迭的奇幻画卷，那些神秘未知的领域瞬间点燃了学生们心中想象的火花。他们眼中闪烁着好奇与渴望，仿佛已经置身于浩瀚宇宙，开启星际冒险之旅。

有了知识的铺垫，孩子们的创意开始展翅翱翔。结合美术课和信息技术课，他们拿起画笔手绘星空明信片，用指尖在电子设备上设计电子明信片。这些作品满载着他们对宇宙的憧憬，是送给自己的专属星际礼物。在创作过程中，宇宙星空的浩瀚无边、神秘深邃如同强大的磁石，吸引着学生们不断探索，每一笔、每一个像素都倾注着他们对未来的向往。

回首来时路，这场“探索眼中的世界”项目式活动，从过去到现在，再到未来，恰似一朵怀揣梦想的花朵，它的绽放与否、绚烂程度或许充满变数，但因着每一位参与者心怀期待的精心浇灌，它从萌芽之初就已足够美好。它不仅为三年级学生呈上了一份知识与成长的厚礼，也激励着我们在探索教育真谛的道路上不断前行，让更多梦想之花绚丽绽放。

第五节　我和我的朋友

当今时代，随着教育的不断进步与发展，项目式学习作为一种创新的教学模式，正逐步渗透进各个学科与领域。它强调学生在真实情境中的主动探索与实践，通过亲身参与和体验，来达到知识的深度理解与技能的全面提升。“我和我的朋友”项目式学习实践，正是基于这样的理念，旨在通过一系列精心设计的活动，引导孩子们在探索自然、融入社会与认识自我的过程中，不断发展其人际交往、理解他人和判断交往情境的能力，从而培养出健康、独立、自信的个体。

一、识自然——探索自然之美，结交无声之友

“识自然”是“我和我的朋友”项目式学习的第一站。我们引领孩子们走进大自然的怀抱，开启了一场有趣的探索之旅。

（一）诗歌搜集与吟唱

认识自然中的朋友，探寻自然之美。我们引领孩子们走进自然的怀抱，去认识那些无声却充满生命力的“朋友”。我们以“蟋蟀在吟唱”为主题，开启了一场别开生面的探索之旅。活动伊始，孩子们热情洋溢地搜集着关于蟋蟀的诗歌，那些或激昂或婉约的诗句，仿佛是历史长河中传来的阵阵虫鸣，带着岁月的韵味。他们用稚嫩却充满朝气的声音吟唱着，仿佛穿越时空，与古代的文人墨客心意相通。他们了解到，蟋蟀在中国古代的文学意象中，或是思乡情切的寄托，或是田园生活的美好象征，如“知有儿童挑促织，夜深篱落一灯明”，勾勒出乡村夜晚的温馨画面。

（二）实地探索与观察

在东莞外国语学校罗彩珍老师的精心组织下，孩子们怀着激动的心情来到了虎英公园。那片郁郁葱葱的绿地，是大自然赋予的宝藏。他们屏气敛息，仔细聆听着草丛中传来的若有若无的蟋蟀声。那声音虽微小，却充满了生命的力量，是大自然最真挚的低语。孩子们兴奋地穿梭其中，眼睛里闪烁着好奇与惊喜的光芒，试图找到这些神秘的小歌唱家。

（三）生命成长讲座

为了更深入地了解蟋蟀，罗老师还特别安排了一场关于蟋蟀生长过程的讲座。孩子们如同亲眼见证了一场生命的奇迹，对生命的敬畏之情油然而生。大家共同阅读了《时代广场的蟋蟀》这本书，书中那只名叫柴斯特的蟋蟀，用它的音乐感动了无数人的心。孩子们在阅读中，不仅感受到了友情的温暖，也体会到了人与自然和谐共处的美好。

（四）创作手抄报

为了让这份美好延续，我们还将美术学科融入其中，鼓励孩子们动手制作手抄报。他们有的用彩笔画出蟋蟀的生动形态，有的则用文字记录下这次探索的点滴感悟。每一份手抄报，都是孩子们对自然之美的独特诠释，也是他们与自然“朋友”深厚情谊的见证。他们在自然的怀抱中欢笑、探索、成长，逐渐

明白自然是我们赖以生存的家园，每一个生命都值得尊重与呵护。在未来的日子里，我们希望孩子们带着这份对自然的热爱，继续前行，去发现更多自然之美，让心灵在自然的滋养下更加澄澈、明亮。

二、识社会——友好相处，结伴而行

学会与他人相处，携手结伴同行。我们通过一系列的活动，为孩子们搭建起通往社会交往的桥梁，让他们在实践中领悟结伴同行的真谛，迈出成长道路上坚实而温暖的步伐。“声声入耳”活动，如同一股清泉，滋润着孩子们的心田。孩子们沉浸在古诗的韵律之中，古老而经典的诗句逐渐印刻在他们的心灵深处。古诗打卡活动见证了他们的坚持与成长，每一次打卡都是对自我的挑战和文化积累的沉淀。诗配画环节更是充满了创意与童趣，他们用手中的画笔赋予经典诗句鲜活的生命力。孩子们在传统文化的滋养下，努力扣好“人生的第一粒扣子”。

（一）“声声入耳”古诗活动

孩子们沉浸在古诗的韵律之中，通过古诗打卡、诗配画等活动，逐渐将古老而经典的诗句印刻在心灵深处。这不仅丰富了他们的文化底蕴，还培养了他们的审美情趣。

（二）“探索自然，结伴而行”研学活动

“探索自然，结伴而行”研学活动，是孩子们亲近自然、感悟生命的奇妙旅程。当他们踏入那片广袤的自然天地时，眼中满是新奇与敬畏。他们仔细观察着每一株植物的纹理，聆听着鸟儿的欢歌和溪水的潺潺流淌，从认识一片树叶的脉络到惊叹一棵大树的顽强生命力，从触摸温润的泥土到感受清风拂面的温柔。与自然的深度接触，让孩子们懂得珍惜当下的美好，也让他们明白在社会中，人与人之间相互陪伴、共同探索的力量是无穷的。

（三）“美食节”活动

“美食节”是一个充满烟火气与合作精神的舞台。筹备过程中，孩子们充分展现出多学科融合的智慧与团队协作的力量。为了制作美味的食物，他们运用数学知识计算食材用量，用语文知识撰写吸引人的美食介绍，凭借美术才能绘制精美的海报，用英语与外国友人交流。有的孩子担任“小厨师”，有的成为“销售员”，还有的负责摊位布置。他们体会到团队合作带来的成就感，也

懂得了感恩每一个为美食节付出努力的伙伴和老师。

（四）“My Friend”单元主题活动

英语学科开展的“My Friend”单元主题活动，以“怎样成为一个好朋友”为驱动问题，引发了孩子们的深入思考。通过阅读充满趣味的绘本，他们看到了友谊的多种模样，有相互分享快乐时的欢笑，也有在困难时刻伸出援手的温暖。在给朋友画像的活动中，孩子们用心勾勒出朋友的轮廓，同时也在描绘着自己心中对友谊的理解。孩子们不仅学会了与他人的相处之道，更在结伴而行的过程中，感受到了成长的喜悦与力量。他们逐渐懂得珍惜身边的每个人，在未来的人际交往中更加从容自信，学会了用一颗宽广而温暖的心去拥抱这个多彩的世界。

三、识自我——认识自我，实现成长

“识自我”是“我和我的朋友”项目式学习的最后一个环节。我们引导孩子们从心开始认识自己，实现自我成长。

（一）“我和我的朋友”主题班会

年级精心策划的“我和我的朋友”主题班会，如同一面镜子，让孩子们在反思中认识自己。班会上，我们以“如何与朋友和谐相处”为驱动问题，通过角色扮演、小组讨论、情境模拟等多种形式的教学手段，让孩子们在参与中思考，在思考中成长。他们开始意识到，真正的友情需要建立在相互理解、尊重与支持的基础上。孩子们学会了如何更好地表达自己，如何倾听他人的声音，如何在冲突中寻找解决之道。这场班会，不仅让孩子们学会了如何与朋友相处，更让他们在自我认知的道路上迈出了坚实的一步。

（二）《秘密花园》戏剧展演

《秘密花园》戏剧展演，则是一场充满挑战与惊喜的成长历练，孩子们学会了如何与他人合作，如何在团队中发挥自己的优势，如何在困难面前坚持不懈。从撰写剧本到排练演出，每一个环节都充满了挑战与机遇。在活动筹备初期，孩子们拿起笔，将自己的个人经历与感悟融入剧本创作中。他们回忆生活中的喜怒哀乐，把那些深刻的情感体验转化为生动的台词和情节，用真挚的情感和生动的表演，展现了友情的力量与美好。在合作排练过程中，孩子们更是相互配合、彼此成就。他们共同雕琢每一个表情、每一句台词、每一个动作，为了呈现完美的演出而不懈努力。孩子们不断突破自我，原本内向的孩子勇敢地站在舞台中央展现光芒，胆小的孩子也学会了在团队中担当重要角色。这场戏剧展演不仅是艺术的呈现，还是孩子们认识自我、挖掘潜力的过程，引发其深刻思考，感悟到那份纯真而坚韧的友情力量。

结语：回望“我和我的朋友”项目式学习的实践历程，从认识自然到认识社会再到认识自我，每一步都充满了探索与成长。这个项目不仅让孩子们学会了如何与朋友相处、如何认识自然与社会，更让他们在自我认知的道路上迈出了坚实的一步。愿他们在未来的日子里继续与朋友携手同行，让每一次遇见都成为成长的基石，绽放出属于自己的光芒。

第六章　学科探究：学科融合式项目式实践

第一节　学科融合式项目式实践概述

学科融合式项目式实践是一种以学生为中心，通过跨学科的知识整合，围绕现实社会中的问题或情境，进行主动探究与合作学习的教学模式。它旨在打破传统教学中的学科壁垒，促进学生的全面发展，提升学生的综合素养和创新能力。

一、学科融合式项目式实践的定义与特点

（一）定义

学科融合式项目式实践是指将多个学科的知识和技能有机融合，通过项目式学习的方式，让学生在解决实际问题的过程中，实现知识的综合运用和创新能力的提升。

（二）特点

（1）跨学科性：项目设计涉及多个学科领域，促进知识的横向整合。

（2）真实性：以真实世界的问题或情境为背景，增强学生的实践体验。

（3）合作性：强调团队合作，鼓励学生之间的交流与协作。

（4）探究性：学生通过主动探究和实验，发现问题、解决问题。

（5）评价多元化：不仅关注学习成果，还重视学习过程中的表现和进步。

二、学科融合式项目式实践的实施案例

在开展学科融合式项目式实践中，我们有了深刻的感悟与体会，下面结合“遇见鲁迅：文学与人文的融合”、“西游人的修心之旅：经典与心理的对

话”、“认识人民币：经济与生活的连接”以及“探索斜拉桥的奥秘：科学与工程的交汇”四个实践案例，提炼学科融合项目式实践的共同点。

（一）跨学科整合，促进综合素养提升

每个项目都采用了跨学科的教学方式，通过整合不同学科的知识与技能，实现对学生综合素养的全面提升。例如，“遇见鲁迅”项目不仅涉及文学阅读，还融入了历史、美术、写作等多学科元素；“西游人的修心之旅”则将语文、美术、信息技术、音乐等多个学科有机融合，让学生在阅读经典名著的同时，锻炼多方面能力；“认识人民币”项目通过语文、数学、历史、经济等多学科的交叉学习，让学生全面了解货币；“探索斜拉桥的奥秘”则结合了数学、物理、工程等多学科知识，让学生在实践中感受三角形的魅力。

（二）以问题为导向，激发学生探究兴趣

每个项目都明确提出了具有驱动性的问题，以此为导向，激发学生主动探究的兴趣。例如，“遇见鲁迅”项目通过提出“鲁迅是个怎样的人？”这一问题，引导学生深入阅读鲁迅的作品，探索鲁迅的多面性；“西游人的修心之旅”则通过“唐僧师徒为何如此执着于取经？”这一问题，推动学生深入阅读《西游记》，理解其中的成长与信念；“认识人民币”项目通过模拟买卖活动中的实际问题，培养学生的问题解决能力；“探索斜拉桥的奥秘”则通过“三角形在实际生活中有什么作用？”这一问题，引导学生探索三角形的特性和应用。

（三）实践活动丰富，注重体验与操作

每个项目都设计了丰富多样的实践活动，让学生在亲身体验和动手操作中加深对知识的理解和应用。例如，“遇见鲁迅”项目通过绘画、写作等方式，让学生表达对鲁迅童年的理解和感受；“西游人的修心之旅”通过编剧本、演课本剧等活动，让学生深入理解《西游记》中的成长与信念；“认识人民币”项目通过模拟买卖活动、美食节中的货币交易等，让学生将所学知识应用于实际生活中；“探索斜拉桥的奥秘”则通过制作斜拉纸桥、开展纸桥承重比赛等活动，检验学生的学习成果和综合运用能力。

（四）强调团队合作，培养沟通与协作能力

每个项目都注重团队合作，通过小组活动、讨论、辩论等方式，培养学生的沟通与协作能力。例如，“遇见鲁迅”项目通过小组讨论、分享会等形式，让学生交流对鲁迅作品的理解和感受；“西游人的修心之旅”通过团队合作完成剧本编写、课本剧表演等活动，锻炼学生的团队合作能力；“认识人民币”项目通过小组模拟买卖活动，让学生在合作中解决实际问题；“探索斜拉桥的奥秘”则通过小组合作制作斜拉纸桥，培养学生的工程实践能力和团队协作精神。

（五）注重评价与反馈，促进学生全面发展

每个项目都设计了清晰的评价量规和反馈机制，以确保学生的学习成果得到及时、有效的评价。例如，“遇见鲁迅”项目通过学生自评、互评和教师评价相结合的方式，全面评估学生的学习成果；“西游人的修心之旅”则通过教育戏剧展演、哈尼克斯圆桌会议等活动，展示学生的学习成果和成长印记；“认识人民币”项目通过《实践过程评价量规》和《团队成果量规》，对学生的学习过程和成果进行全面评价；“探索斜拉桥的奥秘”则通过纸桥承重比赛、课后拓展作业等方式，检验学生的学习成果和综合运用能力，并通过反思和总结，提出改进建议。

四个学科融合式项目式实践案例在跨学科整合、问题导向、实践活动、团队合作以及评价与反馈等方面都表现出高度的共性，共同体现了学科融合式项目式实践在促进学生全面发展方面的独特优势。

三、学科融合式项目式实践的启示

跨学科整合是学科融合式项目式实践的关键所在，需要打破学科壁垒，促进知识的横向整合。

驱动性问题是激发学生内驱力的重要手段，需要设计具有启发性、探究性的问题。

实践活动是检验学生学习成果和综合运用能力的重要途径，需要注重活动的趣味性和实用性。

四、总结与展望

学科融合式项目式实践是一种有效的教学模式，能够促进学生的全面发展，提升学生的综合素养和创新能力。未来，我们将继续探索更多有趣且富有挑战性的项目式学习活动，为学生的全面发展提供更多的支持和帮助。同时，我们也将不断总结经验教训，优化项目设计和实施过程，提高教学效果和学生的学习体验。

第二节　遇见鲁迅：文学与人文的融合

鲁迅是一个丰富多彩的人、一本渊博厚重的书，可我们常常只解其中一面……

一、项目缘起——鲁迅是个怎样的人

部编版六年级下册第八单元“走近鲁迅”编排了《少年闰土》《好的故事》《我的伯父鲁迅先生》《有的人》四篇课文。单元教学完毕，针对在学生心中鲁迅是个怎样的人，笔者做了一个小调查：用几个词句写出你心中的鲁迅。结果统计见表6-1。

表6-1　鲁迅印象调查统计表

我心中的鲁迅	为自己想得少为别人想得多	著名作家	伟大精神	横眉冷对	忧国忧民	严肃认真	幽默有趣	关爱孩子
占比	92%	86%	72%	69%	67%	61%	17%	9%

学生对鲁迅的了解，多半来自教材中的课文和老师的教学，尽管教材的选文力求多角度呈现鲁迅的形象，但理解鲁迅的主旋律依然是“伟大”这一面。学生对鲁迅的认识，也受鲁迅“形象”的影响。我们搜索鲁迅的肖像画，几乎所有的“鲁迅”都是横眉冷对、不苟言笑的。

鲁迅有着伟大的人格魅力和崇高的精神境界与格局，这是毋庸置疑的。学生理解鲁迅，仅仅认识到鲁迅的伟大还不够。偏狭的认知，对全面理解鲁迅形象是不利的，是难以真正“走近鲁迅”的。

鲁迅作为普通人的一面也是丰富多彩的，平易近人的，鲜活生动的。萧红在《回忆鲁迅先生》中开篇即描述：“鲁迅先生的笑声是明朗的，是从心里的欢喜。若有人说了什么可笑的话，鲁迅先生笑得连烟卷都拿不住了，常常是笑得咳嗽起来。”剧作家夏衍评价鲁迅“幽默得要命”。曾与鲁迅先生一家同住北京胡同的俞芳老师在其回忆录《我记忆中的鲁迅先生》中写道：“鲁迅先生是个很会说笑话的人，……他只要有空坐上一阵，屋子里便会笑声不绝。”陈丹青在《笑谈大先生》中认为，鲁迅先生好看，好玩。

鲁迅，是横眉冷对、不苟言笑的，又是笑口常开、开朗亲切的。极端相反的特征为什么出现在同一人身上？

鲁迅不仅是大文豪，他的美术造诣同样高深——北京大学的校徽最初是鲁迅设计的，北洋政府的国徽也是鲁迅先生参与设计的；鲁迅亲自设计书籍封面，风格独特，自成一派；鲁迅喜欢版画，是中国版画收藏第一人。

阅读到鲁迅才华的另一面，学生是满满的佩服、折服，学生发出惊叹，展现出欲一探究竟的情绪状态。学生心中自然会产生疑问：鲁迅到底是个怎样的人？鲁迅的世界怎么会如此丰富？越走近鲁迅，学生越生发出众多的问号，“黏合”着学生的好奇心，吸引他们进一步走近鲁迅，阅读鲁迅，探究鲁迅，发现鲁迅。

二、百草园里，触摸鲁迅童年的模样

徜徉于百草园，驻足于三味书屋，从这里出发，阅读鲁迅，走进鲁迅的童年，我们会发现鲁迅的童年犹如一个万花筒。

（一）迅哥儿，做“我”的玩伴吧

“我家的后面有一个很大的园，相传叫作百草园。”百草园，鲁迅家的后花园，是蔬菜园、草药园、昆虫园、花鸟园，更是鲁迅的乐园。“油蛉在这里低唱，蟋蟀们在这里弹琴。翻开断砖来，有时会遇见蜈蚣；还有斑蝥，倘若用手指按住它的脊梁，便会拍的一声，从后窍喷出一阵烟雾。”朗读鲁迅这段回忆百草园童年生活的文字，学生会情不自禁地走进鲁迅的童年，与鲁迅一起乐在其中。

百草园的美，美在色彩鲜亮，碧绿的菜畦，紫红的桑葚；美在动静相宜，肥胖的黄蜂伏在菜花上，轻捷的叫天子直窜向云霄；美在错落有致，高大的皂荚树，低矮的泥墙根，欣赏这一切，过足了眼瘾。百草园的美好来自声音——鸣蝉长吟，蟋蟀弹琴，油蛉低唱，聆听着大自然的声音，饱了耳福。百草园的快乐在于能动手玩——找蟋蟀，逗斑蝥，挖何首乌，摘覆盆子，体验到动手实操的快乐。又酸又甜的覆盆子与桑葚，还满足了味蕾的快感。

这样的百草园，是如此精彩纷呈，好看好听好玩。百草园不仅是鲁迅的乐园，也令阅读的学生心驰神往。

阅读鲁迅的作品《从百草园到三味书屋》《社戏》我们可以感受到鲁迅玩耍的气息，触摸到鲁迅探索的模样。

（1）挖何首乌损坏泥墙：

有人说，何首乌根是有像人形的，吃了便可以成仙，我于是常常拔它起来，牵连不断地拔起来，也曾因此弄坏了泥墙……

（2）折蜡梅，寻蝉蜕，捉苍蝇喂蚂蚁。

三味书屋后面也有一个园，……可以爬上花坛去折蜡梅花，在地上或桂花树上寻蝉蜕。最好的工作是捉了苍蝇喂蚂蚁……

（3）在老师眼皮底下玩纸盔甲套指甲，描绣像。

先生读书入神的时候，于我们是很相宜的。有几个便用纸糊的盔甲套在指甲上做戏。……蒙在小说的绣像上一个个描下来……

散见于文章中对鲁迅玩耍的描写，汇集在一起，学生看到的是一个爱玩、淘气、好探究的鲁迅。鲁迅的玩耍贴近大自然，与昆虫为朋，与花草为友，玩得率真，玩得痴迷。这令如今的学生——只能看到“院子里高墙上的四角”的学生心生羡慕。描写鲁迅玩耍的情节还有很多。如，他看完社戏与小伙伴偷罗汉豆，在雪地里捕鸟，拆解万花筒却不能完好地安装。孩子们读了会感到那么亲近，仿佛鲁迅就是自己的伙伴，是自己人。读着读着，学生会对鲁迅产生亲近感，心会慢慢地靠近鲁迅，真挚的情感也会流露出来。

“丁零零”，兴趣班下课了，我拖着一身疲惫走在路上。“叮咚”，手机一响，我打开一看：

一起来玩吗？

——迅哥儿

这一段颇具代入感的与迅哥儿的“约见”，带来极大的想象空间。

走进迅哥儿的生活，在什么地方？那里的风景、物候如何？迅哥儿把他的哪些伙伴介绍给你？你们在一起玩了什么？迅哥儿用什么美食招待你？你们聊了哪些有趣的事情？回答这些问题，就需要阅读鲁迅，从中探究发现。

迅哥儿走进你的生活，你会向迅哥儿讲述什么？是美食，游戏，还是学业？迅哥儿对你的兴趣班感兴趣，你能把你的感受和观点准确地讲给他听吗？看到你辛苦地读书，迅哥儿有什么看法，是赞同，还是反对？

学生走进鲁迅的生活，鲁迅走进学生的生活，产生交流，形成开放的对话场景，把鲁迅的生活与学生的生活对接起来，驱动了阅读，促进了思考，还让阅读与写作自然发生。

（二）迅哥儿，你的最爱是什么

走进三味书屋，鲁迅开启了求取学问的人生。“先生，‘怪哉’这虫，是怎么一回事？”这是鲁迅向寿镜吾先生发出的萦绕在脑海中的疑问。老先生很生气，没有给他答案。这个问题，学生读到这儿，也很好奇。

“怪哉虫”是东方朔的故事，源于《太平广记》，关联着鲁迅童年的阅读背景；这说明鲁迅在入读三味书屋前，已经涉猎此书。问题来了：鲁迅童年时读过哪些书？用这样的问题引领阅读，展开探究，启发思考，自然会读有所获。

我……一面又在渴慕着绘图的《山海经》了。这渴慕是从一个远房的叔祖惹起来的。

……在他的书斋里，看见过陆玑的《毛诗草木鸟兽虫鱼疏》……我那时最爱看的是《花镜》，上面有许多图。他说给我听，曾经有一部绘图的《山海经》，画着人面的兽，九头的蛇，三脚的鸟，生着翅膀的人，没有头而以两乳当作眼睛的怪物，……可惜现在不知道放在那里了。

（选自《阿长与〈山海经〉》）

在远房叔祖的书房，鲁迅如饥似渴地阅读到很多书，文中提到的书，定是鲁迅的最爱。

《山海经》是鲁迅渴慕已久的书。长妈妈费尽周折给鲁迅“淘”到手，令鲁迅感激不尽。《毛诗草木鸟兽虫鱼疏》为三国时期陆玑所著，专门对《诗经》中记载的动植物进行研究、做注解而成书。《花镜》是一本记载种花的理论和经验的书。从中也能看出，那时的鲁迅对动植物学等方面的书有着浓厚的兴趣。其实，“怪哉虫”也好，《山海经》中的“人面的兽，九头的蛇，三脚的鸟”也罢，无不指向鲁迅童年时期最大的爱好——痴迷于草木花鸟鱼虫而无法自拔。

读的书多起来，画的画儿也多起来；书没有读成，画儿的成绩却不少了，最成片段的是《荡寇志》和《西游记》的绣像，都有一大本。后来，因为要钱用，卖给一个有钱的同窗了。

（选自《从百草园到三味书屋》）

当然，听故事，读小说，是鲁迅童年阅读地图中不可或缺的。鲁迅另一项爱好，就是极爱看带有插图的书，喜欢用薄而透亮的“荆川纸”覆在画面上，一笔一笔细细地影摹，且“都有一大本”，“后来，因为要钱用，卖给一个有钱的同窗了”。可见，鲁迅的爱好，已经能为他“创收”了，不过这也是万般无奈之举。

沿着问题出发，在阅读中探究、发现，学生不仅读懂了鲁迅童年心心念念的最爱，还领悟到，这些爱好为鲁迅的文学和美术方面的素养，打下扎实的底子，童年的爱好关联着后来的成就。这种以问题驱动的刨根问底式的阅读探究，充满乐趣——阅读的乐趣，探究的乐趣，发现的乐趣，分享的乐趣，尽在其中。

三、乌篷船上，描摹鲁迅故乡的风情

绍兴，鲁迅的故乡，是闻名遐迩的江南水乡，素有“东方威尼斯”的美誉，令人神往。走进鲁迅的文字，驭一叶乌篷船，漫游河道，欣赏两岸美景，品读鲁迅对故乡的那份情。

（一）在字里行间，游鲁迅故乡

赏山阴美景，品水乡美食，观会稽风俗，读绍兴故事。如果说阅读是一趟旅行，那么，赏美景，品美食，观风俗，读故事，一定是旅行的主要元素。这一切，在鲁迅的作品中都有。

我仿佛记得曾经坐小船经过山阴道，两岸边的乌桕，新禾，野花，鸡，狗，丛树和枯树，茅屋，塔，伽蓝，农夫和村妇，村女，晒着的衣裳，和尚，蓑笠，天，云，竹，……都倒影在澄碧的小河中，随着每一打桨，各各夹带了闪烁的日光，并水里的萍藻游鱼，一同荡漾。

（选自《好的故事》）

透过鲁迅精美的文字，水乡两岸的美景扑面而来，倒映在水中，于河面摇曳，令人应接不暇。一个梦幻水乡便萦绕在读者脑海，令人神往。

鲁迅在《朝花夕拾》小引谈道：“我有一时，曾经屡次忆起儿时在故乡所吃的蔬果：菱角、罗汉豆、茭白、香瓜。凡这些，都是极其鲜美可口的，都曾是使我思乡的蛊惑。后来，我在久别之后尝到了，也不过如此；惟独在记忆上，还有旧来的意味存留。”

可见，唇齿留香的美食，与心头思乡之情有着割不断的情缘。鲁迅作品中的美食，更加丰富多彩。《风波》里：“女人端出乌黑的蒸干菜和松花黄的米饭，热蓬蓬冒烟。”《社戏》中：“我有些疲倦了，托桂生买豆浆去。”还有那正旺相的罗汉豆，不到半天便可以钓到一大碗的“钓虾”，咸亨酒店里的“孔乙己”茴香豆以及醇香的绍兴黄酒。一个色香味俱佳的美食天地就在读者，也是游客眼前，令人垂涎。

不必说欢乐的百草园，神秘的三味书屋；不必说水乡夏夜，摇着芭蕉扇，在大树下乘凉；也不必说海边沙地，那一望无际碧绿的西瓜地。单是乘一叶小船，荡漾于澄澈的河道，听桨声悠悠，看小桥流水，听故乡社戏，迎神赛会……这一切，便是阅读鲁迅带来的美好。这样的阅读中，学生是读者，阅读文字，了解风俗，品读故事；学生也是游客，畅游山水，品味美食，体验风情。

（二）借绘画习作，描故乡风情

在阅读中，鲁迅故乡的美景、风俗、故事渐渐在学生头脑中越来越清晰了，这些画面是夜游水乡看社戏，是在百草园里觅童趣，是在三味书屋中忆往事。老师引导学生画出来，写下来，在创作中再经历一次鲁迅故乡游。学生笔下生辉，或唯美或趣味盎然的文字、图画跃然纸上，让阅读与写作、绘画进行深度融合（见图6-1）。

图6-1　学生手绘“水乡看社戏”印象

学生的文字，有描摹美景的：

那是一个月色朦胧的夜晚，我们荡一叶乌篷小舟，漫游在水平如镜的河面，穿梭于纵横交错的水道。两岸的乌桕、新禾、野花，还有那错落有致的黛瓦白墙的小屋，倒映在澄碧的小河中，显得静谧幽深。

水村的夏夜，宁静中透出些许的热闹。河岸两旁的大树下，乘凉的人们聚在一起，有的谈闲天，有的说故事，孩子们唱歌、猜谜。陶老头子独自坐着，嘴巴念念有词，很惹游人注目。

（杨飞扬）

有讲述独特的游览经历的：

船夫卖力地摇着橹，飞一般向前驶去。前方河道变得开阔起来，灯火如昼，恍如进入另一个世界。船夫告诉我们，前方就是赵庄，看社戏的地方。船驶过了一丛松柏林，弯进了叉港。

赵庄便真在眼前了。

（王奕隆）

还有的描写看社戏体验：

借着月色，我蒙蒙眬眬地看见前面隐隐约约有灯火闪烁，等小船漂进了一点儿，哦！这里不就是鲁迅童年时来看社戏的赵庄吗？夜色下的赵庄灯火通明，好不热闹。突然，我听到了一阵锣鼓声，一群人围在一个舞台边。我们也划过去。只见舞台上的一个人背上插着四面旗帜，身穿一身黑衣，在台上翻筋斗，他每翻一次，台下的人就喝彩一次，上面写着：铁头老生连翻筋斗。这当然是社戏中最好看的了。

（陈政嚣）

梦里水乡

鲁迅故乡，一个温暖的水乡绍兴。

水村夏夜，月光如水，水波渺渺，星光点点。垂柳随晚风拂过水面，漾漾微波荡开去，生怕惊扰了这一场清梦。

乘上乌篷船便向赵庄前进了。两旁是遍布着豆麦的田野，远处飘着袅袅炊烟，许是哪家在做饭吧，月色逐渐朦胧，赵庄也便近了。

戏台在灯火中，缥缈得像一座仙山楼阁。戏台热闹极了，一身华丽行头的花旦，咿咿呀呀地唱。台下呢？有的嗑瓜子闲聊，有的两眼紧盯戏台，仿佛生怕错过什么；也有小孩子吵着要买豆浆，可家长硬是不肯。

夜深了，可惜台前仍是热闹。一阵风吹来，夹杂着潮湿的水汽、豆麦的清香，及糖葫芦的甜味。这是人间烟火的气息。

夜深了，我们便离开了。离开时的景色与来时大不同，穿过一片柏树林，一轮明月悬于夜空，洒满月色的银光，给柏树林添了几分神秘的色彩，几声悠扬的笛声传来，划破了夜空的宁静。

绍兴水乡，温婉而悠扬。烟雨乌篷，梦江南。

（冯子瑜）

鲁迅，用他手中的笔，编织着浓郁故乡情结，有滋有味，有声有色，有情有义，读来令人回味无穷。学生在阅读中，与鲁迅结缘，与绍兴水乡结缘。学生用图画、用文字记录下这份情缘，换个角度理解鲁迅对脚下故土的思念与依恋。

四、水乡鲁镇，叩问家乡人的命运

一方水土，养一方人。鲁迅不仅深深眷恋那一方水土，那些曾经朝夕相处的家乡人，更是鲁迅一辈子的牵挂……

（一）一世情，两代缘

读《少年闰土》，闰土的见多识广、机灵勇敢给学生留下深刻印象；迅哥儿与闰土短暂的交往，使他们结下弥足珍贵的情谊，给人以温暖；一对伙伴在分别时脸上挂满泪痕的不舍，更是打动人心。然而，二十年后，曾经亲密无间的伙伴见面，闰土居然称迅哥儿为“老爷”。童年时那个阳光少年，竟然变成一个木偶人（见图6-2）。“我们之间已经隔了一层可悲的厚障壁了。”鲁迅的伤感可想而知。通过这鲜明而深刻的对比，学生的感触颇深。他们感慨鲁迅与闰土的命运为何有巨大差别。多数同学认为，造成差别的原因是读书改变命运，还深受教育：“我们应该好好学习，将来找到好工作，不给自己成为‘木偶人’的机会。”也有的认为，鲁迅能雇得起用人，家境殷实，出身富裕。闰土贫苦的原因在小说中有交代：多子，饥荒，苛税，兵，匪，官，绅，苦得他像一个木偶人了。读到这里，学生不无遗憾地写道：“多好一个人，不是被岁月，不是被学历，而是被黑暗的社会欺压。”

图6-2　学生手绘“闰土印象”对比图

闰土，真有其人吗？《故乡》中闰土原型叫章运水。这个普通问题，不适合做驱动性问题。但是，如果将这个问题稍作转化，就会变成一个探究性的问题。生活中的“闰土”——章运水，与鲁迅“故乡”一别，后来呢？他们还有交往吗？这样就会变成一个值得探究的驱动性问题。

同学们钩沉历史记忆，探寻鲁迅后代与章运水后人的“交往史”，在阅读分享会上汇报，体现了良好的阅读探究精神。

解放后，章运水的孙子章贵，因为爷爷（闰土）与鲁迅的关系，得到了去鲁迅纪念馆工作的机会。章贵努力学习，从一个农民、文盲成长为鲁迅研究专家，还被任命为鲁迅纪念馆的副馆长。鲁迅儿子周海婴与闰土的孙子章贵成为好朋友，一如当年的章运水和鲁迅。

童年的友情，一世的情缘，小民的命运，因《故乡》作品，在国运兴盛的折射下，因缘际会，跌宕起伏，令人唏嘘。是的，学生思考的嗅觉到哪里，阅读探究就要延伸到哪里。

（二）可笑乎，可悲乎

初读孔乙己和阿Q，学生对这两个人物很感兴趣，感觉他们很好笑。读者觉得好笑，小说中来自“旁人”的笑声随处可见：“只有孔乙己到店，才可以笑几声……”“孔乙己一到店，所有喝酒的人便都看着他笑……”“孔乙己是这样的使人快活……”“谁知道阿Q采用怒目主义之后，未庄的闲人们便愈喜欢玩笑他。”“（阿Q被带走，要杀头的）阿Q于是再看那些喝采的人们。”

学生在品读中发现，孔乙己和阿Q总是受到旁人的嘲笑和欺负。“旁人”的笑声过后，没有一个人伸出援手，学生从笑声背后体会到的是“旁人”冷漠的心。学生还读懂了鲁迅对人物的同情与哀其不幸的愤懑。学生对人物的理解，从可笑的浅层认知，走到人物内心，理解有了深度。

唐弢在《母子之间》中回忆："《呐喊》出版后，老太太（鲁迅母亲）一口气读完，摇着头表示：唔啥好看，这种事情在乡下多得很！"这样的人，这样的事，在乡下多得很。他们是孔乙己们，是阿Q们，是闰土们，是祥林嫂们。当这些人物群像出现在读者面前时，学生很快找到了他们的共同之处：愚昧落后、麻木不仁、受尽欺辱、贫苦潦倒、生活在社会的最底层。他们在乡下多得很，在城市也多得很，是当时社会中的大多数。透过他们，学生逐渐看到当时国民的精神面貌。鲁迅说："惟有民魂是值得宝贵的，惟有他发扬起来，中国才有真进步。"在这些人身上，我们看不到民魂的影子。鲁迅用自己的如椽大笔，写下当时的"大多数"人的际遇，文笔中有同情关爱，有呼唤觉醒，有愤懑呐喊……

当然，鲁迅不仅仅动笔写作，还有行动。如，周晔在《我的伯父鲁迅先生》中详叙："他们把那个拉车的扶上车子，一个蹲着，一个半跪着，爸爸拿镊子夹出碎玻璃片，伯父拿硼酸水给他洗干净。他们又给他敷上药，扎好绷带。"

阅读巴金《永远不能忘记的事情》，万国殡仪馆内，我们通过"关于那个老人的最后的事情"看见了来来往往吊唁的人物群像，感受到人们发自内心的悲戚……

读到这里，学生发出这样的感慨：越是伟大的灵魂，越把贫苦大众装在心里。是的，就这样，我们阅读鲁迅笔下人物，从最初感觉到有趣、好笑，随着阅读探究展开，逐渐走入深邃的境界。

在问题的驱动下，在探究中阅读，在阅读中探究，从童年、家乡、人物三个维度走进鲁迅的世界，发现了一片广阔的天地，结识了一个有趣而又伟大的灵魂。

这个鲁迅，也在悄然改变着学生，有的学生动情地写道："到现在，每当我仰望夜空的时候，我还能想起你。"

第三节　西游人的修心之旅：经典与心理的对话

2022年版的新课标将整本书阅读作为六大学习任务群之一，对5～6年级学段的学生提出了要求：阅读整本书，把握文本的主要内容，积极向同学推荐并说明理由；能综合运用多种阅读策略阅读革命传统、文学、科普、科幻等多方面的书籍。

然而，当前小学阶段整本书阅读活动存在随意阅读、浅层阅读等问题。为了激发学生的阅读兴趣，促进深入阅读的真实发生，我校五年级语文备课组借助校园读书节这一平台，精心策划了“西游人的修心之旅”项目式学习活动。该活动以全课程的教育理念为指导，以共读《西游记》为核心，巧妙融合了语文、美术、信息技术、音乐等多学科元素，让学生在细细品味《西游记》的过程中，既加深了对文本的理解，又锻炼出了坚韧不拔的毅力和团结协作的能力。

一、项目设计

项目式教学需要老师们思考如何在课堂中以及在整个项目式学习中通过师生对话、生生对话、与书本对话，引导和激发学生的主观能动性，去探索，去发现，去投入个性的创造。

（一）与经典名著对话，确定项目目标

《西游记》是中国神魔小说的经典作品，内容丰富，生活气息浓厚。但它其实讲述的是英雄成长的故事，它告诉我们：“求仙问卜，不如自己做主。”“不受苦中苦，难为人上人。”“只要一片赤诚，灵山就在你脚下。”通过与原著对话，我们把项目式学习设计的目标确定为：品西游人的“信念与选择”，悟寮外少年的成长密码。

（二）与教材和课标对话，构建核心知识

语文学科的核心知识，不仅涵盖了该学科所涉及的知识体系与能力要求，还触及了精神世界与价值观的塑造与构建。项目式学习视域下的整本书阅读必须依据课标、单元目标，将原本零散的知识点巧妙地提炼整合为具有统领意义的大概念或核心能力，以促进学生综合素养的全面提升。

新课标对于本学段整本书阅读的要求是把握文本的主要内容，积极向同学推荐书籍并说明理由。《西游记》被编排在部编版五年级下册语文教材第二单元，与单元主题“阅读古典名著，初步掌握阅读古典名著的方法”的语文要素相契合。基于此，笔者构建了此次项目式学习活动的核心知识框架，包括：运用本单元所学的阅读古典名著的方法读懂整本书，运用所习得的写作技巧撰写名著读后感，以及初步学会编剧本、演课本剧等技能。我们将“古典名著阅读”作为本次项目式学习的核心能力。

（三）与学生对话，设计驱动性问题

项目式学习通过问题来激发学生对概念的思考与探索。这意味着项目设计者必须针对学习素养和项目核心知识中的关键概念，提出具有启发性的本质问题。然而，这类问题通常较为抽象和深奥，因此我们需要将其转化为更贴近学生学习情境、更具吸引力的驱动性问题。好的驱动性问题不仅能够连接学习目标和项目过程，还能激发学生的内驱力，使其主动投入项目探索中。

为了找到这一驱动性问题，我校张君老师上了一堂《西游记》的导读课。课堂上，学生非常活跃，提出了很多自己感兴趣的问题，比如：为什么要给孙悟空戴上紧箍？西天在哪儿，他们一定要去取经吗？孙悟空取经成功之后，会不会回到花果山？通过分析，我们发现学生所提的问题其实都是围绕着一个主题：“为什么要去取经？”因此，我们将本次项目式学习的驱动性问题设定为：“唐僧师徒为何如此执着于取经？”我们通过这一驱动性问题推动学生运用多种方法深入理解《西游记》中的“信念与选择”，实现自我成长。

（四）与实践需求对话，设计项目任务

为了激发学生持续深入地阅读，必须提供参与度高且体验丰富的学习实践。项目式学习的核心在于引导学生在真实情境或项目中进行探索与合作，也就是说，要让学生沉浸式地阅读，首先要考虑的是学生在实践探索中的实际需求。

因此，在设计任务时，我们从学生的实际需求出发进行思考，探讨在阅读《西游记》、撰写剧本以及演课本剧的过程中学生需要哪些帮助。通过调查分析，我们发现以下问题需要解决：

（1）如何梳理和熟悉故事情节？

（2）如何分析人物形象，包括外貌、性格、能力、心理以及成长变化？

（3）如何编写剧本？

（4）如何条理清晰地评论情节和人物？

为此，我们利用全课程读本中关于阅读策略、故事梳理、人物认知、人物评价、剧本创编等课程案例和作业设计，精心策划了四大活动：我读原著、我编剧本、我演课本剧、我话西游人。每个活动都包含了相应的子任务，如故事大观图、团队信息图、剧本编写、小组课本剧微剧场、哈尼克斯圆桌会议、《天庭日报》、悟空成长图、致孙悟空的一封信等。这些活动既实用又有趣，不仅针对性地解决了学生在故事情节梳理、人物形象分析、剧本编写及评论表达上的难题；更让他们沉浸于书中，领悟到了人物的成长和信念的力量，实现了从“读故事”到“读人生”的转变。

二、项目实施

实践出真知，项目式学习是要让学生经历有意义的学习实践历程。此次“西游人的修心之旅”项目式学习让学生在做中学，切切实实做到了知、行、思合一。

（一）以驱动性问题为钥匙，开启入项之门

入项活动即为开启课，开启课的重点在于激发学生阅读的兴趣。生成学习理论先驱维特罗克认为：“学习者不是被动地接收信息，而是主动参与到信息领悟过程中，努力建构有意义的理解 。”

在《西游记》的开启课程中，老师先提出了“唐僧师徒为何如此执着于取经？”这个驱动性问题，激发学生参与讨论，促使他们专注于文本内容，激起他们的阅读兴趣。《西游记》的故事广为人知，因此课堂气氛十分活跃。在探讨这一问题时，学生们踊跃发言，有的认为是为了普度众生；有的则认为孙悟空和其他弟子都犯了错，取经是为了赎罪。各种观点交织，究竟为何？学生们的好奇心和求知欲被激起。

随后，老师针对阅读古典名著的策略对学生的知识和能力进行整合构建，引导学生掌握阅读古典名著的技巧。接着，老师引导学生进行头脑风暴：教育戏剧展演即将到来，如何拍摄好《西游记》课本剧？需要做哪些前期准备？如何才能将《西游记》的核心精神淋漓尽致地展现出来，触动观众的心弦？学生们积极地参与讨论，总结出拍摄教育戏剧的细则和要点：深入研读原著、创编剧本、熟悉角色形象、选择感人的背景音乐和布置精美的场地等。孩子们的阅读热情，就这样在一个个问题与讨论中被点燃了。

（二）以体验感极强的活动，推动深度阅读的真实发生

前文笔者说过，要激发学生持续深入地阅读，必须提供参与度高且体验丰富的学习实践。在本次项目中我们设计了“我读原著、我编剧本、我演课本剧、我话西游人”四个活动。

1. 我读原著——笔绘经典，感悟西游人的信念

《西游记》中人物众多，人物关系庞杂。因此，在这一环节中我们安排了绘制故事大观图、团队信息图两个子任务，引导学生用多种方法阅读，梳理主要人物关系，明确故事发生的地理背景，初步感知人物的形象特点。

《西游记》原著共一百回，唐僧师徒四人历经九九八十一难才取得真经。其中，大闹天宫、偷吃人参果、三借芭蕉扇、三打白骨精、真假美猴王等故事广为流传，深受读者喜爱。在阅读完这些经典故事后，我们鼓励学生们绘制故事大观图。为了激发学生的创造力，对于大观图的绘制要求我们并没有做严格限定，只要能厘清人物关系，都是值得称赞的作品。例如，在“三打白骨精”这一故事中，学生们选择用故事山的形式来展现整个故事的进程；而在描绘猴王出世、拜师学艺、东海取宝、玉帝招安等内容时，则采用了思维导图来梳理故事脉络。通过这样的活动，学生们不仅对书本的主要内容有了更深入的了解，而且更直观地感受到了唐僧师徒西行之路的艰难险阻。

在团队信息图中，孩子们用表格的形式把人物的籍贯、性格、使用的武器、能力等整理出来，对主角团的人物了解得更详细了，知道了师徒几个都有自己独特的能力，缺一不可。哪怕是槽点多多的猪八戒和武力值最低的唐三藏的身上都有属于他们自己的职责（见图6-3）。

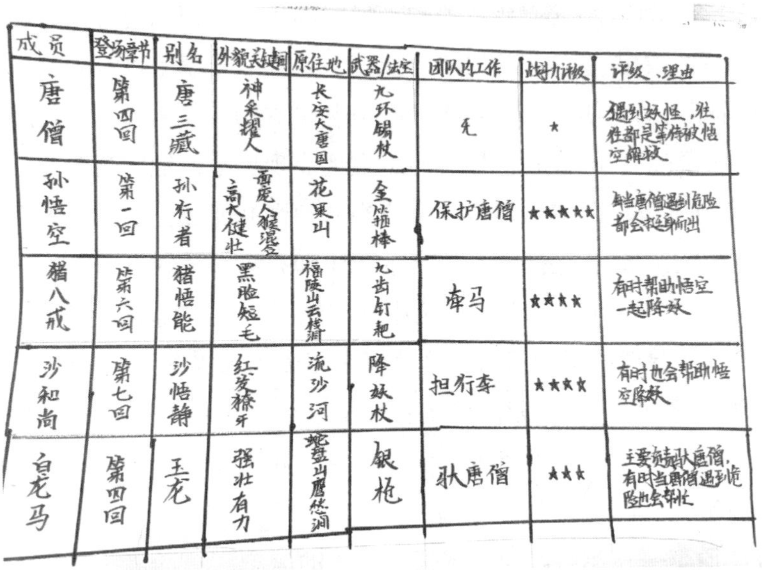

成员	登场章节	别名	外貌关键词	原住地	武器/法宝	团队内工作	战斗力评级	评级、理由
唐僧	第四回	唐三藏	神采耀人	长安大唐国	九环锡杖	无	★	遇到妖怪，往往都是等待被悟空解救
孙悟空	第一回	孙行者	高大健壮 面庞人猴混合	花果山	金箍棒	保护唐僧	★★★★★	每当唐僧遇到危险都会挺身而出
猪八戒	第六回	猪悟能	黑脸短毛	福陵山云栈洞	九齿钉耙	牵马	★★★★	有时帮助悟空一起降妖
沙和尚	第七回	沙悟静	红发獠牙	流沙河	降妖杖	担行李	★★★★	有时也会帮助悟空降妖
白龙马	第四回	玉龙	强壮有力	蛇盘山鹰愁涧	银枪	驮唐僧	★★★	主要负责驮唐僧，有时当唐僧遇到危险也会帮忙

图6–3 学生手绘团队名册

正是通过这样的阅读和绘画的方式，学生把《西游记》这本书读薄了，初步感受到了取经人的信念与执着；知道取经之难，难于上青天，唐僧他们如此执着，是因为他们心存信念。

2. 我编剧本——妙融莞韵，重塑西游人的传奇

部编版语文教材五年级下册第二单元的口语交际课《怎么表演课本剧》明确提出了学习目标：选择合适的故事创意改编课本剧，并进行表演。编写剧本不仅让学生熟悉原著，还能锻炼他们的情节设计、角色塑造、场景描写、语言表达等多方面能力。

为完成剧本的创编，学生再次深入研读《西游记》，认真分析角色形象、情节场景，精心设计台词。他们还将东莞文化元素巧妙地融合到剧情中，使《西游记》这个故事变成了富有东莞特色的作品，例如，在孙悟空与其他六大魔王结拜时，加入了赠送莞草手环的情节；在与红孩儿斗法的故事中，加入了两只小妖商量用富有东莞特色的白切唐僧、唐僧甜腊肠等十八般菜式烹饪唐僧的情节；在三借芭蕉扇的故事中，加入了丫鬟点东莞沉香给罗刹女安神的剧情；在最后与牛魔王一家和解时，设计牛魔王赠送孙悟空莞草手环护佑他们西行之路一路平安的情节，做到首尾呼应。

一个个具有创意的作品从孩子们的笔尖流出，一点点成长的星光渐渐闪耀。创作的过程恰如一次取经之旅，学生在解读和创编的过程中不仅更深刻地理解了取经人的信念与执着，还锻炼了逻辑思维和想象力，提升了创新思维和表达能力，收获了意想不到的成长。

3. 我演课本剧——合作自主，践行西游人的意志

课本剧表演作为一种学生喜闻乐见的学习活动，有助于学生深入理解故事情节，深刻体会人物形象，是提升学生综合能力的重要方式。在表演过程中，学生不仅要深入文本研究人物性格，还要明确分工、妥善处理团队内部事务、协调好团队成员间的关系。

活动中我们充分调动了学生的主观能动性，课本剧的创作、导演及表演均由学生独立完成。他们自行分工，形成道具组、导演组、演员组、音乐组，成员们各司其职，又互相合作，将《三借芭蕉扇》《真假美猴王》《三打白骨精》这些经典剧目搬上了舞台。虽然导演的指导略显生涩，演员的演技也很稚嫩，但他们把自己对角色的理解真实地展现了出来。而在此过程中，他们认真研究角色，演绎角色，化身为书中人经历了取经路上的艰难险阻，体验了英雄的成长历程。

为什么西去取经？因为信仰。排练过程中的诸多挑战，团队合作克服困难时的喜悦，让学生对西行取经人的信念与选择有了更深刻的理解。

4. 我话西游人——思辨心路，与西游师徒共成长

“一千个读者就有一千个哈姆雷特。”每个学生在阅读《西游记》的过程中对于唐僧师徒为什么执着于取经这一问题都有自己独特的感悟。为了让思维的火花碰撞出智慧的果实，我们结合全课程读本设计了以“《西游记》之我‘见’”为主题的成长评议会，开展了哈尼克斯圆桌会议、手绘悟空成长图、致孙悟空的一封信等活动。

在哈尼克斯圆桌会议上，学生们就《西游记》中的几个经典情节展开了热烈讨论：孙悟空该不该大闹天宫？偷食人参果中孙悟空的做法对吗？三打白骨精中展现了一个怎样的悟空、一个怎样的唐僧？为什么修成正果后紧箍会消失？当观点出现分歧时，大家就开展一场小型的辩论赛，越辩越明了。辩论结束后，学生再将其整理成文以《天庭日报》的形式刊登出来。学生们在评论和辩论中，读懂了西游人的执着和信念。

画成长，写感想。学生通过手绘悟空成长图回顾了孙悟空的成长历程，结合自己的生活经验给悟空写信诉说自己成长中的烦恼，比如有个同学在写孙悟空因紧箍咒而烦恼对其进行劝说时，写到自己以前因为写不好作文天天都很焦虑，习作成了他的紧箍咒，但他不愿意习作成为自己的短板，于是报补习班模仿优秀作文，坚持练写，现在他常常荣获班级优秀作文，劝说悟空紧箍咒其实就是他的教鞭，他心中有信念，在紧箍咒的督促下一定会找到自己的大道。在这一环节中，孩子们的思维和心理以及写作能力都获得了锻炼和成长。

阅读能力的核心是阅读中的思维能力，阅读过程始终充满着积极的思维活动。一场思辨性的讨论，一次思辨性的写作，一段思辨性的阅读经历，不仅锻炼了学生的思维能力，还让他们深刻理解了“君子和而不同”的内涵，促进了他们对自我认知和思维方式的转变。他们仿佛取经者一般，在各种活动中修炼了自己的心性。

（三）以教育戏剧的成果展演，记录成长印记

展示是对学习成果的回顾和总结，它能提高学生参与的积极性，使学生的学习更有动力。此次项目式学习所指向的真实情境就是完成读书节中的教育戏剧展演。表演组的孩子们在老师的帮助下整合剧本，用心排练；后勤组的小伙伴们也倾注心思剪辑配乐、布置场地。最终，他们齐心协力，漂亮地完成了年级的项目式教育大戏《孙悟空智斗红孩儿一家》。

舞台上熠熠生辉的他们，幕后默默付出的他们，都在用自己的方式传递着对于勇气、信念、选择和智慧的理解与感悟，展示他们在西游项目式学习中的收获与成长。

三、思考与收获

在寮外，遇见最好的自己！在此次“西游人的修心之旅”项目式学习实践中，我们将教材内容与全课程相结合，结合寮外学生的特点，融入了东莞的地方特色，从而实现了项目式学习的本土化。项目式学习让阅读真实发生，极大地激发了学生的学习兴趣，尤其是那些原本对学业不太感兴趣的学生，也能够积极参与其中。通过此次实践，学生在合作、思考、认知、创新等方面的能力得到了显著提升。这也让我们认识到，教学应当以学生的需求为出发点，回归学生本位。作为老师，我们不能仅仅把视线聚焦在一门学科、一个知识点的教授上，应该要有全局观和跨学科意识，要关注核心概念的提炼和学生能力的提升。

第四节　认识人民币：经济与生活的连接

本项目旨在通过跨学科的实践活动，引导学生全面了解人民币的历史、现状及其在经济生活中的作用。项目从语文教材《“贝”的故事》出发，探讨货币的起源，并通过财商启蒙课和实地参观钱币博物馆，让学生亲身体验货币的历史演变和文化意义。数学核心任务设计与实施部分，通过模拟买卖活动和解决实际问题，培养学生的问题解决能力和决策能力。实践活动延伸与创意发展阶段，学生将参与美食节中的货币交易，并将所学知识应用于设计个性化钱币。最后，项目通过《实践过程评价量规》和《团队成果量规》对学生的表现进行评价，以促进学生个人和团队的进步。

一、跨学科学习活动

（一）语文课程与货币起源

一些生活在水里的动物，用贝壳保护自己的身体。甲骨文中的“贝”字，画的就是贝类的两扇壳张开的样子。

古时候，人们觉得贝壳很漂亮，很珍贵，喜欢把它们当作饰品戴在身上。而且贝壳可以随身携带，不容易损坏，于是古人还把贝壳当作钱币。所以，用“贝”作偏旁的字大多与钱财有关，比如，“赚、赔、购、贫、货”。

这是语文教材里的一篇课文《“贝”的故事》中的内容。本次项目式活动，以语文教材内容为起始，开展跨学科学习，从课内走向课外，通过课文引入人民币的历史背景。

通过学习课文，学生知道了“贝”字的由来及其成为初始货币的原因。随后，老师组织学生进行小组讨论，探讨贝壳作为古代货币的功能和局限性。最后，老师引导学生思考货币的演变，从贝壳到金属货币，再到纸币的发展过程。这一活动不仅增强了学生对语文材料的理解，也为接下来的实践活动提供了历史和文化的背景知识。

（二）财商意识的启蒙

在活动先导课中，我们邀请了金融领域的专家为学生呈现《财富小侦探——小学生财商启蒙课》。专家以春节压岁钱为切入点，启发学生的财商意识，让他们了解货币的演变和金钱的作用。课程中最热烈的讨论聚焦于钱的来源，让学生认识到财富的来之不易，并培养了他们正确的财富观。

（三）货币历史的实地探索

先导课后，我们带着正对一切充满好奇的孩子到东莞市钱币博物馆实地、实物学习，探寻钱币的前世今生，触摸人类的文明。

在博物馆中，讲解员详细梳理了钱币的历史，学生们在寻宝之旅中完成了学习单。学生将课内学到的知识与博物馆的实物相结合，与讲解员深入交流了贝壳作为自然货币的原因，以及与“贝”有关的汉字。他们还见证了秦朝统一货币的重要历史时刻，亲手感受了古代钱币的重量，并了解了“交子”的诞生。讲解员揭晓了我国历史上最大面额纸币的谜底，向学生展示了民国时期巨额纸币的实例，以及人们用自行车携带大量货币购买日常用品的历史场景。通过观察中国五代人民币的演变，学生感受到了国家经济的蓬勃发展和人民生活水平的提升。

二、数学核心任务设计与实施

要学生经历高质量的项目式学习，一方面要在核心任务中设计高阶认知策略，注重高阶认知策略和低阶认知策略的搭配。根据马扎诺的学习维度框架，高阶策略包括了六个方面：问题解决、创见、决策、实验、调研和系统分析。另一方面，核心任务要通过有趣的设计、与学生亲近的方式驱动学生投入活动。

下面根据认知策略的高低和驱动性的强弱分析本案例的四个核心任务设计（见表6–2）。

表6–2　核心任务的设计分析表

核心活动	认知策略	驱动性
入项活动	低阶：信息收集、分析 高阶：创见	强烈意愿，紧密联系 探索空间

（续表）

核心活动	认知策略	驱动性
检查零钱	低阶：分类、辨别、巩固 高阶：解决问题	紧密联系
付钱方案	低阶：组织、分析 高阶：解决问题、决策	紧密联系 探索空间
买卖活动	低阶：信息收集、巩固 高阶：解决问题、决策	强烈意愿，紧密联系 探索空间

（一）入项活动

除了要注重高低阶认知策略的良好搭配，好的入项还要关注学生的内驱力和联系感。本案例以即将举行的美食节为背景，上课伊始，介绍了美食节的活动安排。

【教学片段1】

同学们需要自己准备不同的食物，布置属于自己班的摊位。同学们既可以去买各个摊位的食物，又需要将自己班的食物卖出去。所以，有的同学要负责推销食品（推销员），有的同学要帮忙保持摊位干净、整洁（保洁员），还有的同学需要负责收钱（收银员），但是在以前的美食节里，有的收银员出现了这么一些状况。

钱佳佳：别人给我一张钱，我给他一样东西。

钱依依：哥哥给我5元，我找他4元5角。

钱冰冰：算钱很准，但算得很慢，后面的客人等不及就走了。

钱丁丁：姐姐给了我15元，我想找钱，但是没有1元的钱了。

为了避免出现这些情况，要在班里举行一次模拟买卖活动，从中选出8名金牌收银员来作为美食节的正式收银员。

紧接着让学生思考、讨论下面问题：成为金牌收银员，需要具备怎样的能力？你能通过什么方法获得或提高这些能力？

这样的入项活动让学生产生了探究如何成为金牌收银员的强烈意愿，产生了与自己相关的紧密联系感，并留给学生广阔的探索空间。活动中学生除了需要运用信息收集、分析等低阶的认知策略外，也运用了创见的高阶认知策略，是一个高质量的活动。

（二）检查零钱

按照学生的分析，成为金牌收银员首先要会认钱，并且要认得快。此处如果只给学生所有面值的人民币，让学生自己分类、辨别人民币，总结快速辨认的方法，可以达到学会快速认钱的目的，但这样的活动缺乏趣味性。因此，本案例调整为教师为每个小组准备了一个模拟买卖活动中的零钱包（内有10个一元、10个5角和10个1角），但其中一些钱掉了，请同学检查一下自己小组的零钱够不够。

【教学片段2】

今天老师也给每个小组准备了一些零钱。我给每个组都准备了10个1元、10个5角和10个1角。但是老师刚才走过来的时候很匆忙，不小心从袋子里掉了一些钱。等下请每个组检查一下，你们的钱够不够，好吗？（共8个小组，其中3组分别少了1个1元、1个5角和1个1角）

每组指定一位同学汇报自己小组有几个1元、几个5角和几个1角，并分别邀请少钱的组到投影处数一数。

（1）少了5角的。

师：（指着纸币）这是多少钱？你是怎么看的？（指着硬币）这个呢？请你数一数。

师：同学们都是这样看的吗？有没有不同的方法？

生：金黄色的硬币是5角。

（2）少了1元的。

师：（指着纸币）这是多少钱？你是怎么看的？（指着硬币）这个呢？请你数一数。

师：（指着1角）这里也写着1，为什么它不算呢？

生：旁边写着“角”，这是1角。

师：还有不同的方法吗？

生：1元比较大，1角比较小。

……

学生在数钱的过程中会自主经历分类、辨认的认知策略，总结出可以从大小、形状、颜色、文字、图案等不同方面辨认人民币的方法，提出找零之前可以先分类、多熟悉不同面值的人民币等方案，并将这些方法迁移到认识和使用其他面值的人民币中。

（三）付钱方案

收银员需要在面对顾客复杂多变的付钱方案时，迅速做出判断，因此本课设计了探讨不同付钱方案的任务。付钱的情况主要分两种：付比实际价格多的钱（需要找钱），和付正好的钱（不需找钱）。这里主要探究付正好的钱的情况。如：奶茶促销，60元四瓶。要付60元，有哪些不同的付钱方案？因为付钱的方案有很多种，学生在活动中会运用到解决问题、决策等高阶认知策略。这样的活动既涵盖了教材中“人民币的兑换”这一课时的知识，又避免变成枯燥的兑换练习。

（四）买卖活动

模拟的买卖活动是整个项目化学习的成果检验环节，需要学生经历整个买卖的过程，列式记录下售出物品的价格和找钱的数目。在设计买卖活动时，要注意价格的设置，既要保证学生能体验“元+元”、“角+角”和“元+角”等不同情况的计算，又要保证计算中不涉及名数多样化的复杂计算。这也是本案例选择用模拟买卖活动取代用学校真实的活动来检验成果的原因。

在模拟买卖活动中，学生除了要关注计算本身，还需要分工合作，观察组员在活动中的协作能力，最后有依据地评选出金牌收银员。这一活动同样需要学生运用到解决问题和决策的高阶认知策略。

买卖活动本身就非常吸引学生，但团队活动要避免个别学生不想、不敢表现，过分依赖组员的情况。在活动开始前要使学生明白，组员们会通过活动中的表现对其做出评价。

三、实践活动延伸与创意发展

（一）实际应用：美食节中的货币交易

在这一部分，学生要参与学校组织的美食节，将所学的货币知识和财商技能应用于真实的交易场景中。学生们负责管理摊位，进行商品的买卖，并实际处理货币交易，包括计算找零和识别不同面值的人民币。这一过程不仅巩固了学生的数学计算能力，还锻炼了他们的人际交往能力和商业实践技能。通过实际操作，学生能够将理论知识与现实生活紧密结合。美食节结束后，学生还需要思考如何优化消费结构，培养节约与合理消费的习惯。

（二）创意作业：个性化钱币创作

为了进一步激发学生的创造力和想象力，我们设计了一项创意作业，要求学生设计一款属于自己的钱币。在这一过程中，学生需要考虑钱币的设计要素，如面值、材质、图案等，并解释其设计背后的文化和经济意义。这项作业旨在让学生从设计者的角度思考货币的价值和作用，同时也是对人民币历史和文化知识的一次创新性回顾。通过这样的活动，学生能够更深入地理解货币在社会中的功能，同时培养他们的艺术审美和创新思维。

四、评价与反馈

本课设计了《实践过程评价量规》（见表6–3）和《团队成果量规》（见表6–4）。清晰的评价可以促进学生个人进步和团体共同进步，起到指引作用，如学生了解表6–3中团队合作的评价量规后，在团队活动中就更清楚如何协调、合作。同时，教师在教学过程中会非常清楚每个任务中学生的能力水平，为引导学生和调整课程提供重要依据。

表6–3　实践过程评价量规

维度	等级	表现水平	自评	成员1评价	成员2评价	师评
探究与实践	初级	在绝大多数任务中不知道要做什么，全程不参与				
	良好	知道任务要求，能够提供个别简单问题的答案				
	优秀	理解任务要求，运用数学思维，完成认钱、换钱、计算等活动任务，解决每个问题				
倾听与回答	初级	完全不听别人的提问、建议或者以自我为中心地倾听。不发表观点，总是打断别人的话或不接受别人的建议				
	良好	根据对方的语气、态度等给出反应，能够安静倾听。适当给予对方回答				
	优秀	认真倾听，从不打断对方，有眼神交流。在思考后，礼貌性地回答对方				

（续表）

维度	等级	表现水平	自评	成员1评价	成员2评价	师评
团队合作	初级	在小组合作中不知道自己要干什么，需要在别人的提醒下完成自己的职责，或者不配合团队的安排				
	良好	偶尔承担自己的角色和责任，合作不积极				
	优秀	承担起自己的角色和任务，处事公正，善于妥协，有时候会发表自己的想法，有时候会听从他人想法				
口头报告	初级	表达不流利，说话断断续续，没有表达观点				
	良好	能够较为顺利地表达心中所想。				
	优秀	表达流利，逻辑清晰，神态优雅得体				
专注与坚持	初级	不专心，东张西望，经常分心				
	良好	大多数的时候注意力集中				
	优秀	能够专心致志，长期坚持，不放弃				
调控情绪	初级	遇到困难和问题时，情绪容易失控，表现得焦急，甚至易怒、沮丧				
	良好	遇到困难和问题时，大部分时候能够控制情绪，有时候会比较低落、抱怨				
	优秀	遇到困难和问题时，能够调节自己的情绪，同时可以和他人平稳地沟通				

表6–4 团队成果量规

学习单量规				
标准	3分	2分	1分	评价与反馈
求解步骤清晰				
计算结果正确性				
总分				

（续表）

手抄报量规				
标准	3分	2分	1分	评价与反馈
突出重点知识				
设计美观				
总分				

我们结合相关理论，根据量规的测量结果，同时优化核心任务的设计和量规的设计，以更好地促进教学，提升学生的核心素养。

第五节　探索斜拉桥的奥秘：科学与工程的交汇

一、项目背景与简介

在教学《三角形》这一单元时，我们通过前期的问卷调查，了解到四年级的学生对三角形的认识主要停留在直观层面，即：三角形有三条边和三个角。然而，学生普遍对三角形的实际应用存在疑问：三角形在实际生活中有什么作用？为了帮助学生从更深层次理解三角形的概念、构成要素、特征及其特性（如稳定性），并掌握三角形各要素之间的关系（如三边关系），我们特设计了“探索斜拉桥的奥秘”这一项目式学习活动。此活动旨在通过与生活紧密联系的情境和动手实验，激发学生的学习兴趣，构建新的知识体系，最终实现教学相长。

二、项目构思与设计

通过对教材和学情的研究，发现“三角形的特征”和“三角形的三边关系”这两个内容因其抽象性较高，学生学习兴致不高，教学难度大。为突破教学重难点，我们摒弃了传统乏味的教授法教学方式，以项目式学习的方式展开学习活动，以提升学生的参与度和理解深度。在选择学习素材时，斜拉桥因其设计原理与三角形的三边关系紧密相关，且在生活中随处可见，成为理想的选择。斜拉桥不仅直观地展示了数学原理在桥梁工程中的应用，还让学生深刻感受到数学与生活的紧密联系。因此，我们把“探索斜拉桥的奥秘”设为主要任务驱动。项目式学习阶段设计见表6–5。

表6–5　项目式学习阶段设计

第一阶段：激发兴趣与初步探索	
活动目的	激发学习兴趣，发挥主观能动性
任务驱动	课前调查：了解学生对三角形的疑问和兴趣点
	收集资料：自主搜集斜拉桥相关资料，绘制手抄报
	单元开启课：介绍斜拉桥的构造和发力原理，发起“纸桥承重”比赛
评价方式	完成斜拉桥设计图初稿
第二阶段：学习新知与问题解决	
活动目的	夯实知识基础，学会用数学视角解决问题
任务驱动	教学课例：深入学习“三角形的特性”
	教学课例：探究“三角形的三边关系”
评价方式	完善斜拉桥设计图，准备材料制作斜拉桥模型
第三阶段：成果展示与拓展应用	
活动目的	检验学习成果，提升综合运用能力和学习信心
任务驱动	学以致用：制作斜拉纸桥，展示作品，开展“纸桥承重”比赛
	课后拓展：寻找并记录生活中的三角形应用
评价方式	评选“纸桥承重与自重比值大”的优秀作品

三、项目实施的过程

（一）第一阶段教学活动

1. 课前调查

表6–6　课前调查表

学前调查
关于三角形你已经知道了什么？你想进一步了解什么？

（续表）

学前调查
我知道：三角形长什么样，有3条边、3个角……
我还想知道：为什么要学习《三角形》，三角形在实际生活中到底有什么作用？

2. 收集资料

师：生活中有很多现象都运用了三角形的知识，其中很常见的斜拉桥的构成和受力原理就可以用三角形的知识来解释。请自主搜集斜拉桥相关资料，并动手创作图文并茂的手抄报，以深入探索斜拉桥的奥秘。

3. 单元开启课：“探索斜拉桥的奥秘”

师：通过收集资料、观看斜拉桥的介绍（见图6-4），你能分辨出斜拉桥的各部分名称和作用吗？

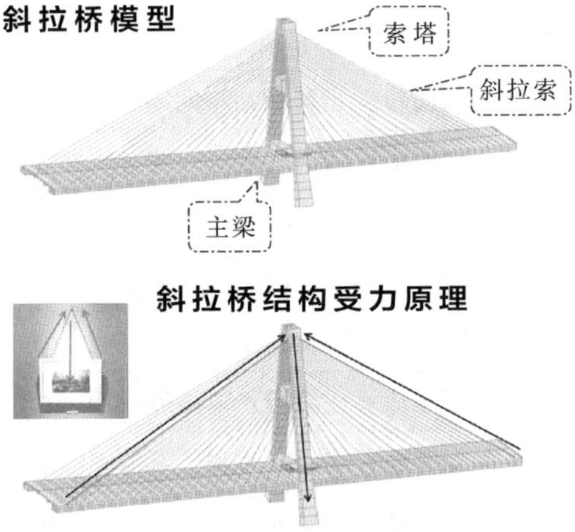

图6-4　斜拉桥模型图

> 斜拉桥又称斜张桥，是将主梁用许多拉索直接拉在桥塔上的一种桥梁，是由索塔、主梁、斜拉索组合起来的一种结构体系。这个结构可以降低建筑高度，减轻结构重量，节省材料。
>
> 主梁主要作用：作为桥面，直接承受压力。
>
> 索塔的主要作用：承受压力。
>
> 斜拉索的主要作用：连接主梁和索塔，使主梁承受的力转移到索塔。

师：在斜拉桥的构造中可以发现很多三角形，为什么三角形得到了设计师们的青睐呢？这些问题在我们的后续学习中会逐一揭晓答案。

师：想不想动手设计制作一个稳固、安全的斜拉桥呢？学习结束后，我们将举办“纸桥承重”比赛。“纸桥承重”比赛源于英国曼彻斯特大学，是一项有趣的科技活动。比赛分为两部分：一是桥的质量，桥的质量越轻，说明所用的材料越少，成本就越低；二是桥的承重能力，桥的承重越大，说明桥越稳固，安全性越高。

师：我们的首要任务是绘制一幅你要制作的斜拉桥的设计图。期待你们的作品！

学生制作的斜拉桥设计图如图6-5所示。

图6-5　学生设计的“斜拉桥”

【设计意图】

学生是课堂学习的主体，老师是课堂教学的主导，了解学生的学习生长点（已知和未知），围绕“探索斜拉桥的奥秘”这一主线，明确学习探究方向，通过活动培养学生的资料搜集与整合能力，同时激发学习兴趣。老师通过图文、视频等方式，让学生对斜拉桥的构造有了更加直观、立体的认知。接着，老师发起“纸桥承重”的赛事，并展示老师的斜拉纸桥承重图例，进一步激发了学生的学习兴趣，使学生对探究“斜拉桥的构造原理与三角形有何关联”的欲望逐渐增强，为后面学习研究《三角形》做好了铺垫。

（二）第二阶段教学活动

1. 教学课例：“三角形的特性”

探究活动1：观察斜拉桥的照片，认识其结构原理和独特之美。

探究活动2：借助画、写、观察、讨论等方式，深入认识三角形特征。

探究活动3：画出三角形的高和底。

探究活动4：通过拼接、拉伸及深入研讨，学生们深刻领悟三角形稳定性。

【设计意图】

通过丰富多彩的探究活动，学生们在动脑思考、细致观察、积极发言、亲手绘制中，对三角形的特性有了更加立体、深刻的感性认识，为后续的斜拉纸桥制作奠定了坚实的基础。

2. 教学课例："三角形的三边关系"

探究活动1：创设情境，需要在间隔10米的河两岸搭建一座斜拉桥（见图6–6）。

图6–6　斜拉桥设计情境图

师：仔细观察每一条斜拉索，与索塔和主梁有什么关系呢？对此你有何想法?

生：构成三角形。斜拉索的长度是否和与之构成三角形的主梁及索塔的长度有关?

师：今天我们就来探究三角形的三边关系解开这个谜团。

探究活动2：联系生活，探究从老师家到学校，走哪条路最近（见图6–7）。

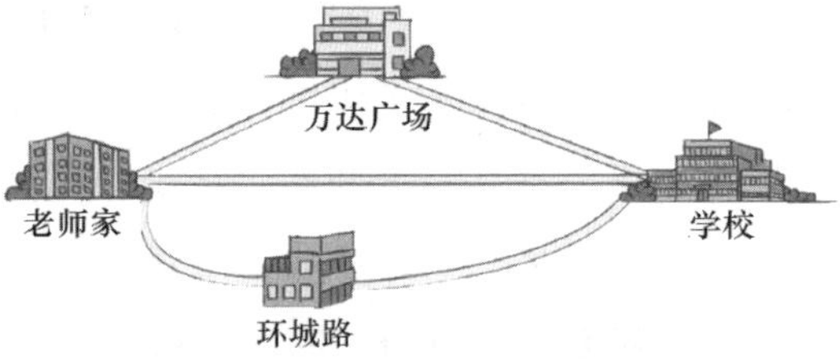

图6–7　三角形三边关系探究图

师：有什么方法可以证明那条路是最近的?

生：用绳量化曲为直等方式，证明中间那条路最短。

小结：因为两点间所有连线中，线段最短……

师：也可以根据三角形的三边关系来解释为什么。

探究活动3：猜想、验证"三角形任意两边的和大于第三边"。

（1）提出猜想（见图6-8）。

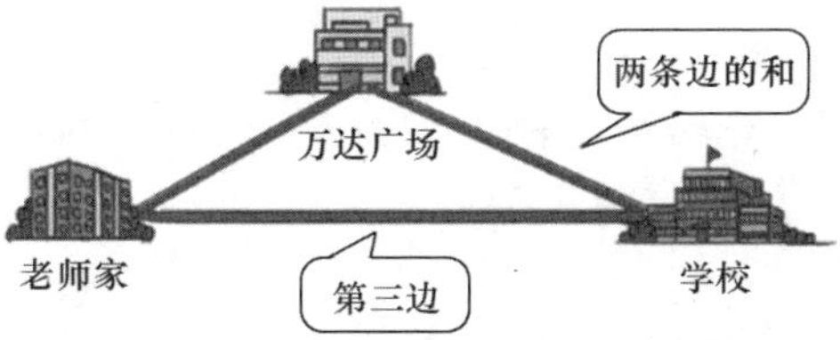

图6-8　猜想、验证“三角形任意两边的和大于第三边”

猜想：三角形两条边的和大于第三边。

（2）探究验证。

活动一：

材料：10厘米、8厘米、6厘米、5厘米、4厘米的小棒。

要求：

① 分：把小棒任意分成三根一组（注意：分组后不得更改）。

② 拼：每组小棒能否拼成三角形。

③ 画：将拼成的图形画成示意图。

活动二：

① 思考：三条边能算出几个两条边的和？

② 计算：每组所有两条边的和。

③ 比较：两条边的和与第三边的大小关系。

④ 观察发现：能拼成三角形和不能拼成三角形的三边关系有什么区别？

（3）学以致用。

现在你们能用这个结论解释为什么走中间的路最近吗？

两边的路可以看作两个三角形的两边之和。

中间的路可以看作这两个三角形的第三边。

在三角形中，任意两边之和大于第三边，所以中间的路比两边的路短（见图6-9）。

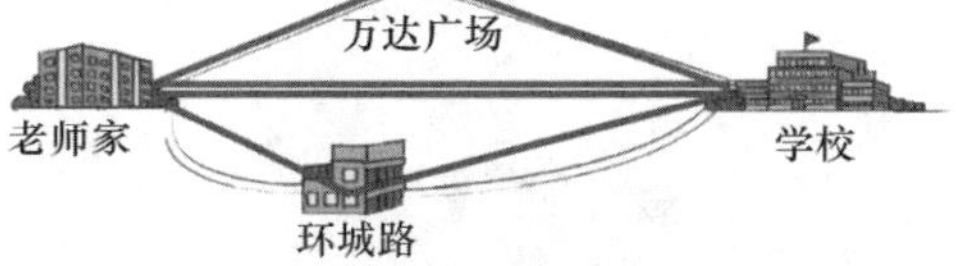

图6-9　三角形的三边关系结论

探究活动4：完成斜拉桥设计图初稿（见图6-10）。

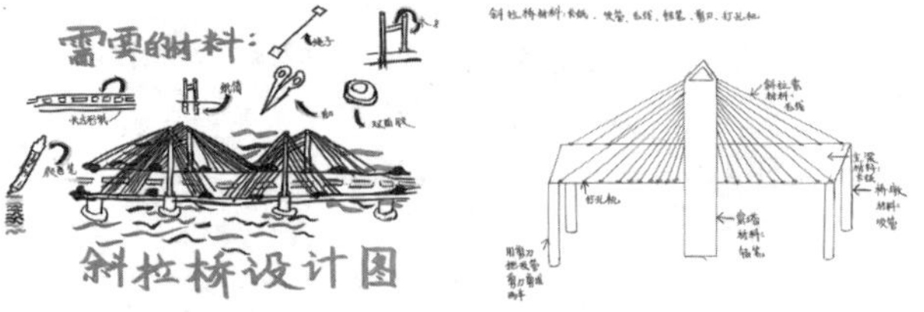

图6-10 学生完成斜拉桥设计图初稿

【设计意图】

通过将学习素材紧密融入现实生活情境，学生深刻感受到学习的实际应用价值和深远意义。这不仅使得学习过程既有趣又目标明确，还让学生自然产生了探究动力：斜拉桥的设计和建造离不开对三角形三边关系的深入理解。

此外，教师引导学生遵循“是什么—为什么—怎么办”的探究路径，在探究中调动多种感官，经历了猜想（思考）—操作（验证）—解释（学以致用）的学习过程，培养了学生解决实际问题的能力、沟通能力和团队合作意识。

（三）第三阶段教学活动

学以致用：制作斜拉纸桥

探究活动1：完善斜拉桥设计图（见图6-11）。

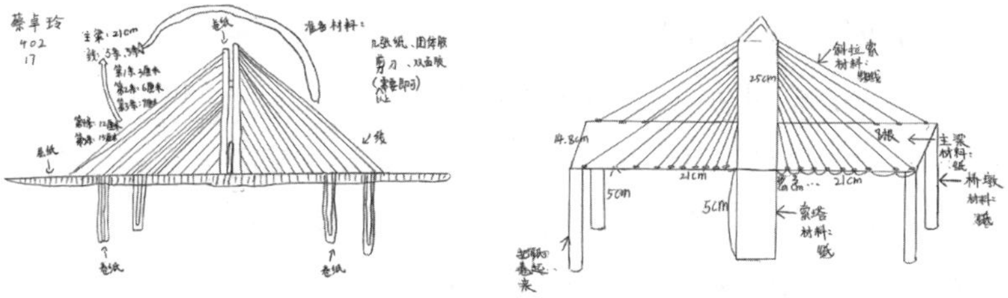

图6-11 学生完善的斜拉桥设计图

探究活动2：指导制作斜拉桥的流程（见图6-12）。

图6-12 斜拉桥制作指引

斜拉桥的制作指引：

（1）按需准备材料。

① 先确定斜拉纸桥的主梁长度和索塔高度。

② 再计算斜拉索的长度范围。

③ 准备材料，制作斜拉纸桥。

（2）迎接“纸桥承重”比赛。

探究活动3：制作斜拉纸桥（见图6-13）。

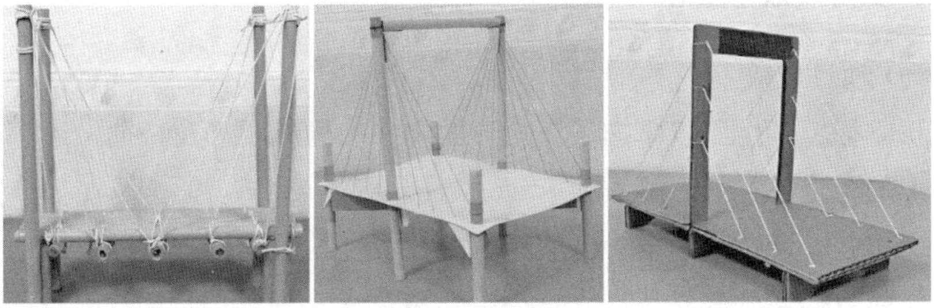

图6-13　学生设计的斜拉桥展示

探究活动4：检验学习成果，“纸桥承重”比赛（见图6-14）。

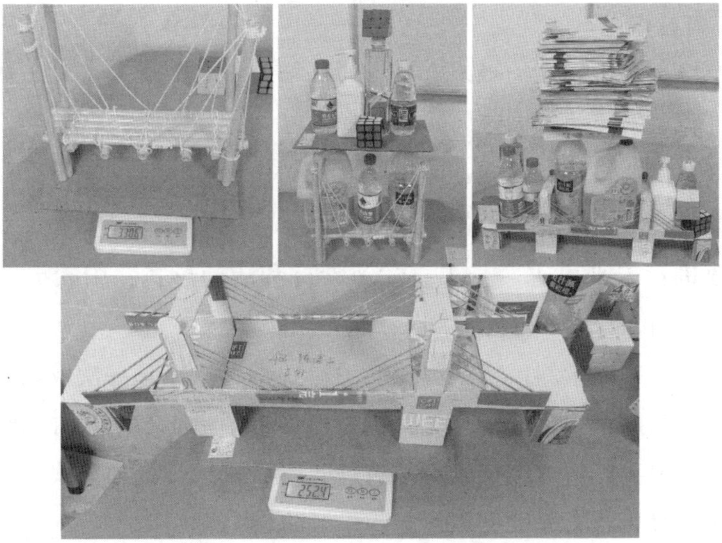

图6-14　检验学习成果之“纸桥承重”比赛

检验标准：纸桥的质量轻、承物重，自重与承重比值大的作品胜出。

探究活动5：课后拓展，以“三角形的奥秘”为题，寻找生活中的三角形，感受三角形在现实生活中的作用，并用图文并茂的方式记录下来。

【设计意图】

项目通过认识、设计、制作斜拉桥、“纸桥承重”比赛和课后拓展以“三角形的奥秘”为题寻找生活中的三角形等一系列的探究活动，让学生对斜拉桥、三角形的奥秘有了更加立体的感知。他们深刻认识到三角形以其独特的形状和性质，在各个领域都有广泛的应用：三角形无论是在数学、工程、地理还是天文等方面，都展现出了其独特的魅力和价值。

四、项目成效与反思

（一）项目成效

知识掌握：学生不仅掌握了三角形的定义、构成要素及特征，还深刻理解了三角形的稳定性和三边关系。

能力提升：通过动手实验和问题解决，学生的数学思维、综合运用能力和团队协作能力得到显著提升。

学习兴趣：项目式学习激发了学生对数学学习的兴趣，使他们更加主动地参与课堂活动。

（二）项目反思

素材选择：斜拉桥作为学习素材，成功地将数学原理与现实生活相结合，增强了学习的实用性和趣味性。

活动设计：项目式学习活动的设计注重学生的主体性，通过多样化的探究活动，促进了学生的深度学习和思维发展。

后续改进：未来可进一步丰富学习素材和活动形式，引入更多跨学科内容，提升学生的综合素养。

综上所述，“探索斜拉桥的奥秘”项目式学习活动是一次成功的尝试，它不仅帮助学生掌握了三角形的相关知识，还促进了学生数学思维与综合运用能力的提升。未来我们将继续探索更多有趣且富有挑战性的项目式学习活动，为学生的数学学习和发展提供更多的支持与帮助。

第七章　研学实践：研学实践项目式探索

第一节　研学实践项目式活动概述与解析

一、研学实践的基本解读

在当前教育改革的浪潮下，小学项目式研学实践活动应运而生，成为连接知识与实践、学校与社会的桥梁。它不仅响应了国家对于培养德智体美劳全面发展的社会主义建设者和接班人的号召，也契合了家长和社会对于高质量教育的期待。

中小学生研学实践是由教育部门和学校有计划地组织、安排，通过集体旅行、集中食宿的方式开展的研究性学习和旅行体验相结合的校外教育活动。

研学实践本质上是一门活动课程，是学校教育和校外教育衔接的创新形式，也是教育教学的重要内容和实践育人的有效途径。

二、中小学研学实践的背景

（一）历史渊源

1. 中国古代的游学传统

研学实践源自中国古代的游学，如诸子百家周游列国，他们通过游学不仅了解各地风情，还学习新知、传播思想。

2. 西方的“大游学”运动

17至19世纪，西方贵族子弟在欧洲各国进行旅行学习，以培养个人能力，这逐渐成为西方教育中的一项传统活动。

3. 日本的修学旅行

日本明治时期兴起了修学旅行，强调让学生在旅行中体验社会、学习自然文化知识，并培养团队协作精神。

（二）现代教育需求

1. 素质教育的推进

随着素质教育的深入推进和立德树人教育任务的提出，传统课堂教学已难以满足培养学生综合素养的需求。研学实践作为一种新型的教育模式，能够打破传统课堂教学的局限，让学生走出教室，走进自然和社会，通过亲身体验和实地考察来增长知识、提升能力。

2. 学生全面发展的需求

研学实践能够拓宽学生的视野，让他们接触到更多的知识和文化，增强对世界的认识和理解。同时，通过研学活动，学生可以锻炼自己的实践能力、问题解决能力和团队协作能力等综合素质，为未来的学习和工作打下坚实基础。

（三）政策推动

1. 国家层面的政策

近年来，国家层面相继出台了一系列相关政策来推动研学实践的发展。例如，2013年国务院办公厅印发的《国民旅游休闲纲要（2013—2020年）》中首次明确提出了“研学旅行”的概念；2016年12月，教育部等11个部门联合印发了《关于推进中小学生研学旅行的意见》，要求学校将研学旅行纳入学校课程。

2. 地方层面的落实

各地教育部门也积极响应国家号召，制定具体的实施方案和措施来推动研学实践的落地。

（四）社会关注与支持

1. 学校与家长的认可

越来越多的学校和家长开始认识到研学实践的重要性，并积极参与其中。学校将研学实践纳入教学计划，作为培养学生综合素质的重要途径；家长也鼓励学生参与研学实践，希望他们在活动中得到锻炼和成长。

2. 媒体与舆论的宣传

媒体也对研学实践进行了广泛报道和宣传，提高了公众对研学实践的认知度和参与度。这种社会关注与支持为研学实践的持续发展提供了良好的氛围和条件。

三、研学实践与项目式学习的契合

研学实践与项目式学习在多个方面高度契合，这种契合性使得二者在教育实践中能够相互促进，共同提升学生的综合素养。

（一）定义与特点契合

研学实践：研学实践是一种通过集体旅行、集中食宿进行的校外教育活动。它结合实践与学术研究，旨在促进学生全面发展，培养其实践、创新、团队协作、沟通能力和社会责任感。研学实践具有教育性、实践性、普及性、公益性和安全性等特点。

项目式学习：项目式学习是一种以学生为中心的教学和学习方法，学生在一段时间内通过研究、应对一个真实、复杂的问题或挑战，从而获得知识和技能。项目式学习强调情境真实性、跨学科性、自主性与协作性、探究性与迭代性以及成果导向性等。

（二）教育理念契合

研学实践：注重学生的全面发展，强调在真实情境中学习和体验，通过实践活动来提升学生的综合素养。

项目式学习：同样注重学生的全面发展，强调在真实情境中解决问题，通过跨学科知识的整合和运用来提升学生的综合素养。

（三）实施过程契合

研学实践：通常包括确定研学主题、制订研学方案、实施研学活动、总结反馈等环节。在研学过程中，学生需要通过实地考察、亲身体验等方式来获取知识、提升能力。

项目式学习：同样包括确定项目主题、制订项目计划、实施项目、展示成果等环节。在项目式学习过程中，学生需要通过自主探究、合作学习等方式来解决问题、完成任务。

（四）培养目标契合

研学实践：旨在培养学生的实践能力、创新能力、团队协作能力和社会责任感等综合素养。

项目式学习：同样旨在培养学生的实践能力、创新能力、团队协作能力和问题解决能力等综合素养。

四、小学项目式研学实践是什么

小学项目式研学实践是结合研学旅行和项目式学习的一种教育模式。它通过设定真实情境中的研究主题，让学生在集体旅行和实地考察中，通过自主探究、小组合作等方式，完成一系列学习任务。这种实践旨在培养学生的实践能力、创新能力、团队协作能力和社会责任感，同时拓宽学生的视野，丰富其学习体验。

五、小学项目式研学实践的意义

（一）促进深度学习

项目式研学实践鼓励学生围绕一个主题或问题进行深入探究，这种学习方式超越了传统的碎片化知识学习，促使学生进行深度思考、批判性分析和创造性解决问题。通过实际操作、实验、调研等活动，学生能够更深刻地理解知识，形成系统的知识体系，并学会如何应用这些知识去解决实际问题。

（二）培养关键能力

在项目式研学实践中，学生需要团队合作、沟通交流、解决问题、自我管理，这些过程有助于培养他们的团队协作能力、沟通技巧、问题解决能力和自我驱动力。这些关键能力是21世纪人才所必需的，对于学生未来的学习和职业发展至关重要。

（三）增强社会责任感与公民意识

通过参与社区服务、环境保护、文化传承等研学项目，学生能够亲身体验社会生活，理解社会问题的复杂性，从而增强他们的社会责任感。同时，这些活动也促进了学生对公民角色的认识，鼓励他们积极参与社会事务，为构建和谐社会贡献自己的力量。

（四）激发学习兴趣与动机

项目式研学实践以学生为中心，尊重学生的兴趣和选择，让学生有机会探索自己感兴趣的话题。这种学习方式能够极大地激发学生的学习热情和内在动机，使他们在主动探索中获得成就感和满足感，进而形成持续学习的习惯。

（五）促进跨学科学习

研学项目往往涉及多个学科领域的知识，这要求学生进行跨学科学习，将不同学科的知识和方法融合起来解决问题。这种学习方式有助于打破学科壁垒，培养学生的综合素养和创新能力。

（六）增强实践能力和创新能力

项目式研学实践强调“做中学”，鼓励学生通过动手操作、实验验证等方式来学习和探索。这种学习方式能够增强学生的实践能力，同时激发他们的创新思维和创造力，为他们未来的学习和工作打下坚实的基础。

（七）促进师生共同成长

在项目式研学实践中，教师不仅是知识的传授者，更是学习的引导者和伙伴。教师需要与学生一起探索、学习、解决问题，这种教学方式促进了师生的共同成长，加深了师生之间的情感。

六、我们的项目式研学实践规划

我们的项目式研学实践活动规划，是结合东莞市寮步镇外国语小学的实际教学需求与项目式学习的核心理念，精心设计与实施的一项系统性教育方案。

（一）明确目标定位

培养完整的人：以“全人教育”为基本理念，旨在通过项目式研学实践，拓宽学生智力背景，提供丰富的学习体验，培养独特的思维品质。

年级递进：根据不同年级学生的年龄特点与认知规律，设计由易到难、由浅入深的项目主题，如低年级的“认识自我”，中年级的“挑战自我”，高年级的“超越自我”。

（二）丰富研学内容

多样化主题：涵盖自然风光、历史文化、科技创新、劳动教育等多个领域，如探索湾区自然学校、岭南醒狮文化体验、农耕用具和水稻知识学习等。

实践性强：强调“做中学”，通过动手操作、实地调研、团队合作等方式，让学生在实践中学习，在体验中成长。

（三）完善实施流程

问题引导：通过问题开启，引导学生深入思考，明确研究方向。

探究学习：鼓励学生自主阅读、收集资料、处理信息，进行深入探究。

成果展示：组织成果发布会，让学生展示研究报告，分享研究感悟，提升表达能力与自信心。

（四）强化成果应用

融合教学：将研学实践成果融入日常教学，作为教学资源与案例，丰富教学内容。

持续研究：鼓励学生将研究成果作为新的起点，继续深入研究，培养持续学习的习惯。

注重师生共长：①教师引导：教师在项目中扮演引导者角色，与学生共探共学，提升自身专业素养；②情感联结：通过共同的项目经历，增进师生之间的情感，营造积极向上的学习氛围。

（五）近年研学实践概述

1. 2023年秋季研学实践活动

一年级：前往湾区自然学校，以“挑战自我，畅想未来”为主题，学生通过开营仪式、连接自然、林间课堂、结营仪式等活动，学习自然知识，体验露营生活。此外，学生还参与了搭建帐篷、观看电影等实践活动，并在活动结束后通过展示优秀课程学习单、手工作品，以及作文、情景剧、演讲等多种形式分享研学体会，最终形成课题报告。

二年级：在水濂小镇大湾区横岗湖研学教育实践营地（厚街）进行了以“弘扬爱国精神，践行劳育立德”为主题的研学活动。通过把绿色带回家、生态循环、有机肥制作等实践活动，学生不仅学习了环保知识，还体验了劳动的乐趣。同样，学生也通过多样化的创作形式回顾了研学旅程，并形成了课题报告。

三年级：在水濂小镇体验式教育基地（南城）以“探索精彩生命，拥抱成长变化”为主题，学生通过花草纸制作、攀岩、陶艺、真人CS等活动，锻炼了动手能力，增强了团队合作意识。活动结束后，学生同样通过展示学习成果和分享体会，深化了对研学内容的理解。

四年级：前往清溪耕山小寨，以“探索自然，结伴而行”为主题，学生参与了轨道小火车、大雁湖观鸟、古法磨豆浆等实践活动，感受了大自然的魅力。活动结束后，学生以多种形式展示了研学成果，加深了对自然和传统文化的认识。

五年级：学生再次来到水濂小镇大湾区横岗湖研学教育实践营地（厚街），以“岭南雄狮喜传承，匠心筑梦同心桥”为主题，学习了岭南醒狮文化，体验了舞狮展演和制作同心桥等活动。这些活动不仅传承了传统文化，还培养了学生的团队协作和创新能力。

六年级：在万江启农部落以“秋收冬藏迎丰年，劳动光荣勤俭美”为主题，学生通过农耕用具和水稻知识学习、割稻谷体验等活动，体验了农耕文化的魅力，培养了珍惜粮食、勤俭节约的好习惯。活动结束后，学生还通过展示学习成果和分享体会，总结了研学收获。

2. 2024年秋季研学实践活动

（1）四年级：探秘建筑之韵，观察生活之美。

四年级的学生们带着对建筑与自然的浓厚兴趣，踏上了探秘之旅。在可园，他们被古色古香的建筑风格深深吸引，通过亲手制作满洲窗，体验了传统工艺的魅力。随后，在创艺生态园，学生们不仅了解了“昆虫旅馆”的环保理念，还观察了奇妙的蚯蚓塔，感受到了自然界的奇妙与和谐。此外，他们还游览了动物世界、环保主题乐园和蓝莓种植基地，拓宽了视野，增长了见识。研学结束后，学生们通过作文、情景剧、演讲、手抄报和手工等多种形式，分享了自己的所见所闻和感悟，最终形成了课题报告，展现了他们对自然与建筑之美的独特理解。

（2）五年级：重走长征路，延续长征精神。

五年级的学生们则踏上了一段红色之旅，旨在重走长征路，延续长征精神。在东江纵队纪念馆，他们了解了革命先烈的英勇事迹，感受到了革命精神的伟大。接着，在红色长征基地，学生们徒步大岭山抗日根据地旧址，亲身体验了长征的艰辛与不易。通过印刷密报（烽火传书）等互动环节，学生们更加深刻地理解了革命时期的通信方式与保密工作的重要性。研学结束后，学生们通过多样化的创作形式，表达了自己对长征精神的感悟与敬仰。

（3）六年级：致敬伟大，礼赞丰收。

六年级的学生们则以“致敬伟大，礼赞丰收”为主题，前往桥头生态园体验农耕文化。在农具博物馆，他们了解了农耕工具的历史变迁与使用方法，感受到了农耕文化的厚重与智慧。随后，学生们亲身体验了秋收的乐趣，参与了农趣对决和制作稻草人等互动环节，深刻体会到了劳动的艰辛与丰收的喜悦。此外，通过科学实验《真假鸡蛋》，学生们还学习了如何辨别真伪、培养科学思维。研学结束后，学生们同样通过创作与报告的形式，记录了自己的学习成果与心得体会。

这些研学实践活动充分融合了项目式学习的特点，主要体现在以下几个方面。

首先，活动以主题为核心，如“挑战自我，畅想未来”“探秘建筑之韵，观察生活之美”等，每个年级围绕一个明确的主题展开，这符合项目式学习情境真实性的要求，让学生在真实或模拟的情境中学习和探索。

其次，活动设计注重跨学科知识的整合与运用。无论是自然知识的学习、建筑风格的探索，还是红色历史的了解、农耕文化的体验，都涉及了多个学科领域的知识，如科学、历史、艺术、地理等，这体现了项目式学习的跨学科性。

再次，活动强调学生的自主探究与合作学习。学生在研学过程中，通过实地考察、亲手制作、互动体验等方式，自主获取知识，解决问题；同时，小组合作完成任务，如搭建帐篷、制作满洲窗、徒步长征路等，锻炼了团队协作能力，这符合项目式学习的自主性与协作性的要求。

最后，活动还注重学生的成果展示与反思。每次研学结束后，学生都通过作文、情景剧、演讲、手抄报、手工等多种形式展示学习成果，分享心得体会，最终形成课题报告。这一过程不仅加深了学生对研学内容的理解，还培养了他们的表达能力和批判性思维，体现了项目式学习的探究性与迭代性以及成果导向性的特点。

综上所述，这些研学实践活动通过设定明确主题、整合跨学科知识、强调自主探究与合作学习、注重成果展示与反思等方式，充分体现了项目式学习的特点，有效地促进了学生的全面发展。

第二节　我是一个棒小孩：自我成长之旅

在当今教育体系中，项目式学习（Project-Based Learning，PBL）因其能够有效促进学生的全面发展而备受推崇。寮步镇外国语小学（以下简称“寮外”）作为一所注重全面育人、创新教育的学校，一直致力于探索适合学生发展的教学模式。随着教育改革的不断深入，本校一年级以“我是一个棒小孩”为项目式主题，开展了一系列研学实践活动，探讨了项目式学习在促进学生自我成长方面的实践效果与深远意义。

一、研学引领新风尚，寮外“棒小孩”项目启航

在寮外，我们紧跟核心素养的时代步伐，致力于为孩子们构建一种既幸福又完整的教育生活。学校深植东莞外国语学校“博雅立人”的办学理念，并独具匠心地倡导“我们不一样，我们都很棒”的学生认知观，坚信每个孩子都拥有独特的才华与无限的可能。

以研学实践为方向，一年级的项目式学习主题为“我是一个棒小孩”。不同于传统的项目式学习，我们融入了全课程的理念，将“德智体美劳”五育资源有机整合。一年级的研学实践活动，都紧密围绕“我是一个棒小孩”这一主题展开。每一项活动都旨在培养孩子们成为独一无二的“棒小孩”，引导孩子们认识自己，进而悦纳自己，同时学会欣赏他人，在这个过程中成为自己心目中的“棒小孩”。通过一系列的研学实践，我们力求让孩子们在实践中成长，在体验中收获，全面提升他们的核心素养。

二、递进成长各不同，寮外“棒小孩”项目目标

在本次“我是一个棒小孩”研学实践项目式学习中，课程目标的设计遵循了递进式的成长路径：从认识自己出发，进而悦纳自己，通过欣赏他人，最终

达成“我们不一样，我们都很棒”的认知观。为了实现这一目标，我们设计了一系列丰富多彩的研学实践活动，包括走进佛灵湖的自然探索、校园寻宝的智慧挑战以及校园露营的团队合作，旨在引导孩子们在探索自然、挑战自我和团队协作的过程中不断成长与进步。其具体关联如下（见图7–1）。

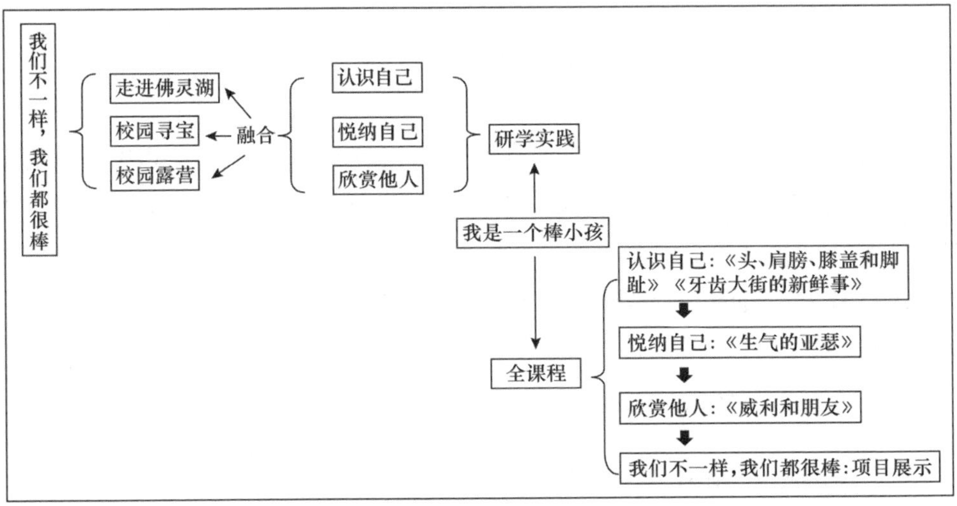

图7–1　“我是一个棒小孩”研学实践项目式学习设计

（1）走进佛灵湖，孩子们亲近大自然，开阔眼界，发现秋天丰硕的美好。他们深刻感受人与自然的和谐共生，激发对生态环境的热爱与保护意识。

（2）在一系列互动游戏中，孩子们体验了快乐与欢笑，让师生情、同学情更加深厚。这些游戏不仅增强了团队的凝聚力，也让孩子们在轻松愉快的氛围中学会了合作与分享。

（3）在寻宝的过程中，孩子们深入探索自己的内心世界，了解自己的优势与不足，学会悦纳真实的自己。同时，通过活动的互动与交流，他们学会了欣赏他人的闪光点，培养了包容与理解的心态，建立起深厚的友谊，共同分享寻宝的乐趣，品尝成功的喜悦。

（4）校园露营活动旨在培养孩子们独立生活的能力，让他们学会勇敢、坚毅地面对挑战。在露营的过程中，孩子们提升了自我价值感，感受长大的力量与变化，为未来的成长之路奠定坚实的基础。

三、研学践行促成长，寮外“棒小孩”项目实施

（一）研学实践项目式学习活动规划

表7–1　研学实践项目式学习活动规划表

项目主题	研学地点	项目任务	核心素养培养目标
1. 了解身体——会爱护身体的棒小孩	校园	通过共读《妈妈下了一个蛋》《头、肩膀、膝盖和脚趾》《牙齿大街的新鲜事》绘本，了解身体各部分名称及作用，学会爱护自己的身体	培养儿童的自我认知与身体保护意识
2. 情绪管理——会悦纳自己的棒小孩	佛灵湖	走进佛灵湖，亲近大自然，在“贪吃蛇找朋友”游戏中交往新朋友，并且接纳自己的情绪	培养儿童的情绪管理与自我悦纳能力
3. 欣赏他人——会包容的棒小孩	校园寻宝	通过不同的闯关游戏的互动与交流，建立起深厚的友谊，共同分享寻宝的乐趣，品尝成功的喜悦	培养儿童欣赏他人的意识与包容心态，以及团队协作能力
	校园露营	通过校园露营，学会勇敢、坚毅地面对挑战，成为一个会包容的棒小孩	培养儿童的自我认知与欣赏他人能力，以及勇敢坚毅和包容的品质

（二）研学实践项目式学习活动实施

1. 项目启动

本项目的核心问题在于：什么是棒小孩？怎样才能成为一个棒小孩？这两个问题看似简单，实则涵盖了儿童成长的多个方面。棒小孩不仅仅是指学习成绩优秀或者才艺出众的孩子，还是指那些具有自我认知、自信心、勇气、坚毅品质以及能够欣赏他人、包容他人的孩子。那么，如何才能帮助孩子们成为这样的棒小孩呢？

项目的启动灵感来源于一本生动有趣的绘本——《妈妈下了一个蛋》。这本绘本以幽默搞怪的方式，向孩子们讲述了生命的起源，让他们得知自己是那场奇妙“游泳竞赛”的冠军。这种寓教于乐的方式，不仅让孩子们对生命有了更直观、更生动的认识，还激发了他们的自豪感和自信心。孩子们在阅读过程中，会不由自主地产生“我是一个棒小孩”的自我认知，这为我们的项目提供了宝贵的启示。

2. 绘本阅读

在研学的前、中、后期，各班级都进行了项目式绘本阅读活动，孩子们通过儿歌《头、肩膀、膝盖和脚趾》的反复咏唱与游戏化学习，不仅掌握了身体部位的作用，还在欢声笑语中学会了爱护自己的身体，为健康的自我认知奠定了坚实基础。《牙齿大街的新鲜事》以幽默的绘本形式，让孩子们了解了吃甜食不刷牙的危害，并学会了如何保护自己的牙齿。《生气的亚瑟》则引导孩子们深入探索情绪世界，理解并学会合理表达与管理自己的情绪。最后，《威利和朋友》绘本中的威利与休的故事，让孩子们明白在生活中每个人都有优点和缺点，要善于发现别人的长处，好朋友之间更是要相互帮助、相互理解，共同增强信任感。

这一系列绘本阅读活动，旨在培养孩子们健康的自我认知、良好的生活习惯、情绪管理能力以及欣赏他人的品质，让他们在阅读中成长为更加自信、独特的棒小孩。

3. 研学实践

（1）赴一场自然之约——我是团结的棒小孩。

孩子们迎着秋风，满怀期待地走进佛灵湖公园，这里成了他们探索友情与团队的乐园。在这场研学活动中，“贪吃蛇找朋友”游戏成了自然与友谊的桥梁。孩子们化身“贪吃蛇”，呼唤好友的名字，友谊队伍如蛇般延长，充满趣味。欢笑中，他们拥抱，传递温暖与信任，团结一心完成任务。友谊的种子在心底悄悄生根发芽。

这次“我是一个棒小孩”项目式学习，让孩子们在自然中感受魅力与宁静，更在团队协作中学会了珍惜友情、勇于探索。研学经历如甘露，滋润着孩子们的心田。它助力孩子们成长，让他们变得更自信、团结、勇于探索。这样的经历，是孩子们未来道路上的坚实基石，让他们成为更加优秀的“棒小孩”。

（2）寻一次校园之宝——我是智慧的棒小孩。

午后，阳光温柔地洒满校园，伴随着一声清脆响亮的哨音，“校园寻宝环游记”研学活动正式拉开帷幕。这不仅是一场智慧与勇气的较量，更是一次探索未知、挑战自我的研学之旅。九个精心策划的寻宝关卡，犹如九扇通往成长之路的神秘之门，引领着孩子们踏上一段充满惊喜与发现的旅程。

前往一年级办公室进行礼貌的拜访，让孩子们学会了如何与人交往，尊重师长。到保安室致以温馨的问候，让他们体会到了守护校园安全的重要性，学会了感恩与致敬。校医室开展的健康小课堂，让孩子们在轻松愉快的氛围中掌握了健康知识，懂得了爱护身体。而大操场上举行的礼仪知识竞赛，则让他们明白了礼仪之邦的深厚底蕴，学会了文明待人。足球场上设置的肢体协调挑战，锻炼了孩子们的身体素质，培养了他们的团队协作精神。形体室里演绎的友谊歌舞，则让孩子们在欢声笑语中增进了彼此之间的友谊，学会了用艺术表达情感。此外，涵盖数学、英语、语文等多学科融合的项目式学习环节，更是激发了孩子们对知识的渴望，让他们在实践中探索、在探索中成长。

这次研学活动，让孩子们不仅收获了知识与友谊，更学会了勇敢、尊重与感恩，为他们未来的成长之路奠定了坚实的基础，激励着他们不断前行。

（3）“冲”一次露营之夜——我是勇敢的棒小孩。

夜幕降临，一场“勇气与独立”的研学考验悄然拉开序幕。在师长的悉心指导下，孩子们亲手搭起小窝，踏上了校园露营的奇妙旅程。

营地中，孩子们用创造力共同绘制巨型手掌画，每一笔都蕴含着他们对未来的无限憧憬和团队的默契配合。夜晚，集体观影和深夜对话让欢笑与分享充盈着整个营地，孩子们在轻松愉快的氛围中更加勇敢地展示自我。晨光初现，孩子们独自醒来，一丝不苟地整理床铺，这一举动充分体现了他们的勇气与独立。

研学活动中，孩子们学会了勇于面对挑战、敢于尝试新事物、不畏艰难险阻，收获了勇气、独立和责任感。他们在实践中成长，在挑战中超越，这段经历将成为他们人生旅途中的宝贵财富。未来道路上，这份勇气和独立将激励他们勇敢前行，成为更加优秀、更加自信的“棒小孩”。

四、课程拓展新篇章——寮外“棒小孩”项目延伸

在寮外这片充满创新与活力的教育热土上，我们致力于“我是一个棒小孩”项目式课程的拓展。一方面，我们将继续夯实基础学科的教学，同时巧妙地融入更多跨学科的内容，如科学、艺术、体育等，以全面促进孩子们多元智能的发展。例如，我们通过组织更为丰富的课外研学活动，让孩子们在亲近自然的同时，也能深入学习自然科学知识；而通过艺术创作和表演，激发孩子们

的无限想象力和创造力。

另一方面，我们将更加注重孩子们的个性化成长需求。为此，我们将根据每个孩子的兴趣和特长，提供定制化的课程选项，如音乐、舞蹈等，确保每个孩子都能在自己热爱的领域里尽情发光发热。同时，我们还将加强心理健康教育，帮助孩子们树立正确的人生观和价值观，培养他们的自信心和抗压能力，为他们的全面发展奠定坚实基础。

这一系列的课程拓展将为“棒小孩”项目注入新的活力，为孩子们的成长提供更加广阔的舞台。我们满怀期待，希望每一个孩子都能在这片新天地中勇敢追梦，茁壮成长。

在新时代教育背景下，研学实践项目式学习，已成为培养学生综合素质的不可或缺之径。本项目“我是一个棒小孩：自我成长之旅”，正是这一理念下的生动范例。未来，随着教育理念的持续革新与技术的飞速进步，研学实践项目将越发多样化、个性化，为“我是一个棒小孩”这一主题增添无限可能，让每一个孩子都能在自我探索与成长的旅途中，绽放独特光彩，成就更加卓越的自己。

第三节　岭南景，东莞情：地域文化的传承

当前，我国基础教育课程改革正翻开崭新的一页，以发展学生核心素养为基石，全力构建并优化基础教育课程体系。项目式学习，作为践行学习真谛、培育核心素养的关键路径，在寮步镇外国语小学得到了生动实践。我校坚守“博雅立人”的核心理念，致力于营造积极和谐、温馨活力的学习氛围，坚守立德树人的教育使命，积极推行项目式学习，创造富有生机、智慧且契合学习成长规律的教育生态。本学期，四年级组紧跟学校步伐，精心策划了一场以“探秘建筑之韵，观察生活之美”为主题的项目式研学实践活动。

一、课题缘起及其深远意义

“望得见山，看得见水，记得住乡愁。”在全球化浪潮汹涌的今天，我们更应铭记“不忘初心，方得始终”的古训。中华儿女在这片土地上茁壮成长，对土地有着难以割舍的深厚情感。当代少年应深入乡土，心系家园，既仰望星空，又脚踏实地。在此背景下，地域文化的传承与弘扬显得尤为重要。参天大树，必有其根；浩渺江水，必有其源。寮外少年通过深入探索中华优秀传统文化，领略岭南风情，不仅能够提升个人核心素养与文化自信，更能激发对莞乡大地的深情厚谊。因此，我们选择了文化底蕴深厚的东莞可园与自然教育基地——创艺生态园，作为此次研学实践的两大基地。东莞可园，风光旖旎，蕴藏着深厚的历史文化底蕴，仿佛一幅流动的岭南风情画卷；而创艺生态园，则是现代生态乐园的典范，自然资源丰富，教育活动多姿多彩，两者相得益彰，皆是学生学习和体验岭南文化的理想之地。

项目式学习以其独特的思维含量和思维发展促进作用，引导学生在实践中探索、在探索中学习，从而实现知识与能力的有效融合与提升。

二、项目式研学实践活动的整体蓝图

项目式学习的推行需上连立德树人的教育理想，下接学生学习质量的深切关怀，让学生在学习中感受到成长的喜悦与意义。为切实推进项目式研学实践活动，教师团队紧密协作，在整体蓝图的规划设计中，深入探究如何在项目式研学实践中实现学生的知识、行动与思考的完美融合。如何引导学生高效参与研学实践，这成为项目构思与实践的核心导向。

（一）项目设计活动策略

1. 研学前预热

（1）精心打造研学手册：我们编制了一份内容翔实的研学手册，清晰规划研学项目流程；以图文交融的生动形式，直观展现活动景点的魅力，点燃学生的游览热情；巧妙设置启发性问题，以问题为引，驱动学生在研学之旅中主动探索；精心安排研学日记环节，让学生在研学中感悟，在学习中收获。

（2）举办研学讲座：特邀专家，为学生深度解读岭南文化与风景的独特韵味，细致介绍创艺生态园这一园林种植基地的资源特色，拉开研学项目的序幕。专家们深入浅出的讲解，让学生初步领略可园的历史底蕴与文化价值以及创艺生态园独特的自然风貌，点燃了学生的研学热情，为后续的实地研学奠定了坚实而丰富的知识基础。

2. 研学实践活动

（1）游览可园：观自然之景，赏建筑风韵，品人文风华。

（2）探访生态园：走近满洲窗，妙手巧创作；探秘动物界，携手共建昆虫屋。

3. 研学后深化

（1）成果展示：分享收获，展现风采。

（2）反思与迁移：反思深化研学体会，将所学所得融入项目式学习的广阔天地。

（二）项目式研学目标

明确而恰当的目标，为研学活动指明方向，增添动力。本次项目式研学实践活动，旨在促进学生核心素养的全面发展，依据学生的年龄特征与成长需求，制定切实可行的活动目标。

游览东莞可园，领略岭南风情与人文风华，感悟中华优秀传统文化，增强地域文化自信。

品味岭南园林建筑与自然风光，涵养高雅情趣，培养健康的审美意识与观念。

亲手制作满洲窗与搭建昆虫屋，锻炼学生的动手能力，激发其形象思维与创造潜能。

深入东莞大地，亲身感受岭南文化与自然之美，激发学生对乡土的深情厚谊，传承地域文化精髓。

三、项目式研学实践活动实施过程

（一）启动项目式研学入项仪式

为深入推进研学实践活动，我校特邀权威专家开展研学讲座，深度剖析岭南文化的精髓，详尽介绍创艺生态园这一独特园林种植基地的资源特色，正式拉开研学之旅的序幕。学生们头戴生动形象的动物面具，手握色彩斑斓的岭南风物手抄报，满怀期待地聆听专家对可园与创艺生态园的精彩讲解，初步领略岭南文化独特的艺术气息与自然风貌。学贵有疑，在讲座过程中，学生们的思维碰撞出耀眼的火花，他们勇于提问，敢于探索。诸如“可园何以跻身东莞四大名园之列？”“岭南文化的核心魅力何在？”“创艺生态园的自然教育活动有何独到之处？”等问题接踵而至。这些问题不仅彰显了学生们的好奇心与求知欲，更是项目式研学的起点，催生了驱动性问题的萌芽，点燃了学生们对项目研学的浓厚兴趣与强烈求知欲。学生们以更加积极的姿态迎接研学的到来，以更加饱满的热情投入到研学活动中。他们主动思考，期待在一段富有意义的学习实践历程中，不断磨砺思维，提升素养。

（二）研学实践

佳景醉人心，文化启童智。孩子们怀揣憧憬，踏入历史悠久的可园，轻盈身姿跃动其间，明亮眼眸饱览风光，急切欲探这江南园林之美。可园内，自然景观令人赞叹。可湖碧波轻漾，孩童驻足湖畔，赏锦鲤悠游，观天鹅翩跹。垂柳依依，石榴热烈，细叶榕挺拔参天，自然之美令童心雀跃。

登邀山阁之巅，满目翠绿，流水潺潺，清风拂面。孩童或沉醉于景，或笔录游览感悟，或笑对镜头，留下美好瞬间。临窗俯瞰，园林布局精巧，青砖灰瓦古朴沉稳，绿树葱茏，平湖映月，小山红花，景致别致，自然与古雅相融，生机盎然。

漫步园中，孩子们或结伴赏林间繁花，或静观清泉击石之妙，或悦目红鱼跃池之趣。可园犹如妙笔丹青，不仅让学子领略自然之美，提升审美之趣，更在不经意间，让他们亲近莞邑，对东莞这片热土生出深厚情意。

1. 游可园，赏建筑风韵

可园，岭南园林之瑰宝，精巧雅致，设计独具匠心。孩子们踏入可园，立即被大门上那副醒目的楹联“可羡人间福地，园夸天上仙宫”所吸引，怀揣着对仙宫福地的好奇，满心欢喜地漫步园中。

实地游览间，孩子们深刻感受可园建筑的多样风格，实用与美观并存。邀山阁巍峨挺立，四面明窗透亮；双清室布局巧妙，满洲窗色彩斑斓；绿绮台雅致清幽，琴声袅袅；草草草堂简约深邃，虽为小憩之所，却含有深意；擘红小榭临水而建，四面临波，既可邀友品荔枝佳果，又可饮酒赋诗。漫步其间，岭南可园建筑文化的独特韵味跃然眼前。

可园设计精妙，诗情画意融于一体，引人入胜。园中景观命名雅致。“问花小院”“擘红小榭”，名雅景美，引人遐想。楹联更是点睛之笔，“未荒黄菊径，权作赤松乡”，佳句与美景相映成趣，为可园平添浓厚文化氛围，彰显园林主人高雅情趣。

游览可园，孩子们不仅领略了岭南园林的独特风姿，更萌生了传承地域文化的责任感。

2. 游可园，品人文风华

学生们漫步可园，古韵雅筑与自然佳景交相映衬，令人心旷神怡，不由自主地对园林主人张敬修的历史足迹产生了浓厚兴趣，渴望深入探寻他的传奇人生。

步入草草草堂，孩子们的视线立刻被张敬修的铜像所吸引，他清俊儒雅的形象仿佛穿越时空，近在咫尺。耳畔传来导游的娓娓讲述，孩子们仿佛置身于那段风云变幻的历史之中，深切体会到张敬修以武人之姿起家，以文人之风行事的非凡人生。

孩子们全神贯注，满心好奇地探寻张敬修的生平点滴。他们或静心聆听解说，深刻感悟园主宦海生涯的跌宕起伏；或细读文字简介，试图从字里行间窥探其才情风貌；抑或细细观赏园主遗存的器物，遥想他生前的翩翩风采。他们举手投足间，流露出对这位岭南英才的深切敬仰。

家乡东莞，钟灵毓秀，孕育了众多英才。孩子们满怀自豪与喜悦，更加坚定了传承与弘扬岭南文化的信念。

3. 游生态园，品生活之美

研学第二站，我们探访了创艺生态园。生态园成为我们的实践课堂，引领学生制作满洲窗，传承精湛工艺，在审美性实践中领略传统艺术之美。探秘动物界，我们共建昆虫屋，亲身融入自然生态，感悟生命之美，在技术性实践中锻炼动手能力。

4. 走近满洲窗，妙手巧创作

满洲窗，岭南文化中具有独特风情的璀璨明珠。初识于可园，学生们眼前一亮，富丽堂皇的满洲窗令其驻足，细细品味。

为提升学生审美与创造力，弘扬地域文化，我们策划了“走近满洲窗”实践活动。讲解员以生动语言，娓娓道来满洲窗的起源、演变及风格特色，学生们聚精会神，为岭南建筑文化的艺术魅力陶醉不已。

满洲窗流光溢彩，点燃了学生们的创作热情。结合可园之行的切身感悟，在老师的精心指导下，学生们胸有成竹，沉浸创作。他们手握铅笔展开想象的翅膀，在白纸上勾勒出一个个充满创意的图案。亚克力板上，他们神情专注，细致上色，每一笔都凝聚着他们对美的追求与热爱。阳光下，一幅幅色彩斑斓、风格各异的满洲窗作品在学生的画笔下熠熠生辉，彰显无限创意与生机。

学生们全情投入，用内心的热爱、天马行空的设计、鲜亮明艳的配色，充分展现创作满洲窗的美好体验。在审美性实践中，他们不仅提升了创造美的能力，更深刻领略了岭南文化的艺术魅力，为传承与弘扬地域文化迈出了坚实的一步。

5. 探秘动物界，携手共建昆虫屋

学生步入萌宠小课堂，了解动物世界的奇趣与奥秘。在老师的引领下，孩子们鼓起勇气，有的轻柔地触摸着蛇身细腻的鳞片，有的与活泼的蜥蜴进行亲密互动，有的热情地向小松鼠递送食物，有的则被孔雀的优雅身姿深深吸引。大自然仿佛一本充满奇幻色彩的书，为学生们带来了接连不断的惊喜与新知。

动物世界新奇奥妙，动物家园风格各异。我们引领学生走进昆虫旅馆，认识了各式各样的昆虫屋。在讲解员的组织下，孩子们摩拳擦掌，迫不及待地开展小组合作，动手搭建昆虫的温馨小屋。有的紧锁眉头，认真思考如何使昆虫屋既美观又稳固；有的分工明确，一人规划布局，一人动手搭建，彼此间配合得天衣无缝；有的虽在搭建过程中遇到了木块顺序错乱的小插曲，但团队成员毫不慌乱，冷静调整，最终圆满完成了搭建任务。此次活动中，学生们既增强了动手能力，又发展了形象思维，还强化了团队合作意识，是一次极好的实践体验。

本次项目式研学实践之旅，引领学生们经历有意义的学习实践过程，巧妙融合探究性、审美性及技术性实践，于多彩而真实的情境中，发展学生的核心素养。学生们漫步于古色古香的可园，踏入创艺生态园，亲身体验制作满洲窗的乐趣，携手共建昆虫屋，从而使得自身的能力得以提升，思维得以发展。研学的欢乐，妙不可言，它如同清泉，滋润着学生们的心田，催生出无数美好的情感。在研学日记的字里行间，学生们真情流露，表达了对岭南风物的喜爱以及对东莞家园的热爱，更彰显出传承地域文化的担当意识，充分展现了四年级项目式研学实践的价值与意义。

四、成果展示

制作表现类成果：为进一步延伸研学意义，四年级开展“满洲窗美校园”活动，学生自由创作满洲窗，年级评选出精美的满洲窗作品在学校长廊展览。我们通过展现学生研学成果，提升学生自信心，美化校园环境。

解释说明类成果：学生在项目式研学实践中，开阔了视野，增长了见识。为了进一步拓展研学活动，四年级开展“岭南景，东莞情”主题手抄报竞赛与研学游记征文活动，通过让研学成果可视化，来增强学生研学的获得感。

五、反思与迁移

我们以项目启动为引子，在学生心中悄然播下对可园与创艺生态园的好奇种子，激发他们的游览兴趣，为实地探索铺设知识基石。在研学之旅中，我们引领学生步入可园，沉浸于岭南风情，细品莞乡大地的韵味，培养他们对乡土的深厚情意与对区域文化的传承使命；引领学生走进创艺生态园，在动手实践中提升自我，于自然怀抱中丰富童年记忆；成果展示环节，更是学生自信绽放的舞台。

项目式研学实践中，我们巧妙融入多元活动，鼓励学生通过实践深化体验，提升能力。他们在项目中尽情探索，在实地游览中感受万千，在实践中激发潜能，增强认知。此次研学，不仅是一场快乐的学习盛宴，更是学生成长路上的一抹亮色，收获满满。

然而，我们也深刻反思此次研学的不足。项目式学习中，我们要积极强化学生的亲身参与，要让实践融入思考，成为动手动脑、技能与态度并重的行动。同时，我们需要丰富研学活动，根据主题设计更贴切、更有趣的实践活动，伴随驱动性问题，激发学生的研学兴趣与求知欲。此外，我们要在实践活动中加强学生的团队合作能力，让学生在共同探讨中提升综合素质。最后在展示成果时，我们应该邀请家长与专业人士参与，提升重视度，让学生有荣誉感与仪式感。

此次四年级“探秘建筑之韵，观察生活之美”项目式研学实践中，我们不仅收获了创作满洲窗的宝贵经验，可迁移至美术手工艺教学；还积累了项目式研学的实践经验，为未来其他年级的项目式研学实践活动提供了有力借鉴。

第四节 长征路，新征途：历史与现实的对话

从知识走向实践课程，让学习如何发生、让学生如何生长是我们课程设计的立足点。鉴于以往以“游玩”为主的研学实践无主题、无任务、无成长的弊端，我们将项目式学习与研学实践两种学习模式相融合开展课程设计，使知识探究与实践操作相结合、校内与校外相结合、历史与现实相结合，真正实现兴趣的激发、素养的生长，是育人新途径、课程新样态的积极探索。有了以上的思考，我们年级结合项目式研究的特点，开展了“长征路，新征途”的研学实践与思考。

一、课题由来：长征精神的感召

一个不记得来路的民族，是没有出路的民族。

五年级的“长征路，新征途”项目式课程带领同学们走进中华五千年的历史，窥探每一段历史征途的兴衰与更替。而在纵横交错的历史发展脉络中，我们选取了长征这一段短暂的历史，展开第一学期的项目式研学实践，究其原因有如下两点。

其一，参与长征的战士年龄普遍较小，最小的才9岁，年龄差距小更能引发学生的共鸣。

其二，美国记者索尔兹伯里在《长征——前所未闻的故事》一书中感慨道，长征的故事有点像犹太人从埃及出走、汉尼拔翻越阿尔卑斯山、拿破仑进军莫斯科、美国人征服西部，但是它们与长征相比都黯然失色。长征这一段艰险无比、可歌可泣的远征，不应只被记入史册作为故事聆听。作为青少年一代，不仅要了解长征取得了胜利，更应该了解为什么取得胜利，我们要内化其精神，传承其信念，为思想价值观处于重要生长期的他们注入成长的动力。

二、基于项目式学习的研学实践设计方案

项目式研学实践基于学生身心特点、接受能力、实际需要及地域特色，围绕主题即驱动性问题，引导学生开展校内、校外实践性学习活动，从而促进学生拓宽视野、丰富知识、了解社会、参与体验，具有教育性、综合性、实践性、成果性的特点。

（一）制定目标

制定适切、清晰、具体的目标是课程开展的第一步。五年级的学生已具备一定的抽象概括能力，对历史事件有着浓郁的兴趣，但缺乏系统梳理和辩证思考的能力，对长征停留在简单的了解和浅层的感受上。因此我们在“长征路，新征途”项目式研学实践课程设计中，结合研学主题、学生学情、课程标准与研学活动具体项目，选择合适的核心素养能力，明确了以下目标：

（1）通过项目式的主题阅读、研讨、访谈讲座等多种方式，从宏观到微观深入地了解长征这段历史背景、细节，能在指导下提炼并理解长征精神。同时在活动过程中培养学生搜集资料、表达感受、思考分析、团队协作等能力和素养。

（2）通过研学实践活动，学生能够对东莞的红色历史和文化有一定的了解，对长征途中的艰辛历程有切身的体会和感受，能有传承革命精神的自主意愿，进而能转化为个人的信念。

（3）通过研学后的总结反思活动，学生能将长征的历史意义、新中国的奋斗精神与现实社会的发展、自身的成长进行连接，启迪人生征途，培养家国情怀素养。

（二）活动规划

项目式研学实践，旨在让学生沉浸在主题探究环境中，在学中研，研中做，做中学。所以基于学生的年龄特征和学情，提前设计丰富、知识能力意识发展层层递进的活动是课程开展至关重要的环节。“长征路，新征途”项目式研学实践活动方案见表7-2。

表7-2　"长征路，新征途"项目式研学实践活动方案

项目主题	研学点	项目任务	核心素养培养目标
1. 血染的风采之长征故事	学校	通过观看纪录片、阅读、聆听讲座、绘制长征路线、朗诵诗歌了解和梳理长征历史	培养资料搜集、历史学科思维分析能力
2. 重走长征路，重塑长征精神	大岭山抗日根据地旧址	通过参观、访问、聆听讲解了解东莞抗日史，完成研学手册，进一步梳理革命历史，了解红军长征的艰难	提升探究能力，培养综合分析思维
	润苗农场——红军研学基地	通过动手实践，模拟体验红军紧密合作、不畏艰险、奋勇向前的长征精神	在实践中培养学生的团队合作意识和发现问题、分析问题、解决问题的能力
3. 不忘长征路，奋进新征途	学校	以制作长征小报、开展讲故事比赛、排演长征历史剧等多渠道宣传长征精神，分享讨论如何将长征精神融入自己的生活、学习	培养学生信息技术应用能力、语言表达能力，通过表演展示提升自信心和内驱力

三、基于项目式学习的研学实践实施过程

（一）项目启动

一个项目，就是一次成长的洗礼。在项目启动仪式上，同学们齐诵《七律·长征》，铿锵回荡。一段精简的纪录片让学生对长征这段历史有了整体初步的了解，同时也激起他们对这段前无古人、后无来者的征程的探究欲望。在互动环节，学生提出了很多有深度的问题：红军为什么要行走二万五千里长征？参加长征的红军年龄都那么小，是什么支撑他们克服困难取得最后的胜利的？毛泽东为长征取得胜利发挥了哪些重要的作用？学贵在疑，发现问题、解决问题正是项目式学习的目的。通过宣讲，同学们了解了整个项目的活动和意义，项目任务单为学生的活动开展指明了方向和目标。庄重的仪式感让学生树立起了学习主人的意识，明确的活动任务为学生的学习提供了素材和方法指引，为同学们的自主探究与合作学习提供了有力支撑。

（二）主题阅读

在实施研学旅行前，我们开展了多样化的主题阅读活动，通过广读、细读、听读，拓宽主题学习的深度和广度，帮助学生更深刻地认识长征的历史和

意义。如利用早读，诵读毛主席有关长征的名篇，“红军不怕远征难，万水千山只等闲”“雄关漫道真如铁，而今迈步从头越”“不到长城非好汉，屈指行程二万”，琅琅的诵读声中，红军不惧险阻、浴血奋战的画面如在眼前。我们通过师生共读、年级漂流长征相关推荐书籍，如《闪闪的红星》《长征先锋》等，引导同学们独立思考、分享交流，完成阅读任务单、绘制长征路线、梳理历史脉络。在阅读中期，我们邀请高中历史老师讲解“历史细节中的长征”，在聆听“长征有关的数字”“红军长征的标语”“参与红军的人”等故事细节后，深化了同学们对长征途中的“苦、难、长”的感受和理解，也使他们获得了一些学习历史的思辨方法。从“读历史”到“听细节”，为我们的“长征路，新征途”研学之旅奠定了知行合一的基础。

（三）研学实践

研究性学习和体验性学习相结合的研学实践课程，在小学阶段应侧重于直接经验的体验性学习。教师是课程的设计者和指导者，根据相关主题，充分挖掘地方资源，设定合理的路线和新颖的实践体验活动，并设置有指导性、有探究性、有合作需求、不失灵活性的研学手册，让学生实现独立、自主、合作学习，真正成为学习的主体。

1. 聆听历史

在“长征路，新征途”的研学活动中，同学们来到了广东东江纵队纪念馆。他们认真聆听讲解，重温了东莞抗日史，深切感受到了革命先辈们不屈不挠的斗争精神和深厚的爱国情怀。在观看展品时，同学们惊讶的表情和疑惑的眼神仿佛将他们带入了那段历史，与革命先辈进行了一次深刻的对话。他们不禁思考：如此简陋的武器和精简的部队，是如何凭借智慧和勇气与敌人进行殊死搏斗，最终取得胜利的呢？而那些留学归来的学子，又为何能舍弃优越的家庭生活，毅然投身于艰苦危险的抗战之中？在行走中，革命精神和爱国情怀已在同学们心中悄然滋生。

2. 观览国防

接着，同学们参观了高射炮、航空导弹、雷达车等重型国防武器。他们相互讨论，分享自己了解的国防知识，不禁感慨：如果抗日战争时期我们的军队拥有如此先进的武器，抗战或许就不会那么艰难，中国老百姓也不会承受那么多苦难。这样的学习经历让同学们自发地领悟到了国家强大与个人幸福之间的紧密联系。

3. 体验生活

在润苗农场红军研学基地，同学们开启了野炊的体验。他们亲手生火、烹饪食物，与红军当年的饮食条件形成了鲜明对比。通过这样的体验，同学们深刻体会到了红军在艰苦环境下顽强生存的意志和坚韧不拔的精神。

4. 践行征途

最后，同学们徒步前往大岭山抗日根据地旧址，亲身感受革命烽火岁月。在这里，他们开展了红色主题团建活动，如烽火传书、翻山越岭等。这些活动不仅考验了同学们的团队默契和意志力，更让他们在游戏中学会了合作与分享。在践行长征精神的过程中，同学们深刻体会到了团结协作和坚韧不拔的重要性。

而后穿梭行走在绳索区、丛林野战区，我们开展了模拟战役课飞夺泸定桥、血战湘江和四渡赤水。活动让同学们了解了长征的历史概况的同时，更让他们通过亲身体验，感受到了革命先辈们在铁索链上、枪林弹雨中不怕牺牲的勇气与胆识。

（四）成果展示

研学实践深化了学生对项目式学习的认识及对长征精神的感悟，为把这种“内化于心”的内涵文化“外化于行”，我们依托学校“活动育人”的平台，策划多样化的展示活动，让更多的同学了解长征故事，传承长征精神。如利用信息技术设计《长征小报》在学校宣传栏进行展示；举办“铭记长征精神”讲故事比赛，每一个精心挑选的故事因为凝结了同学们自己的思考和体验，被生动演绎；利用班级秀台和体育艺术节开幕式舞台，年级统筹规划，四个班按长征起因、克服阻难、经典战役、与民同乐依次排演了四幕历史剧表演，让观看者跟着重走了一遍长征路；最后在元旦晚会上排演了朗诵节目《长征精神》，同学们齐诵的声音荡气回肠、响彻云霄，一系列的拓展实践活动让更多的学生受感染、被吸引，主动地学习了解红色文化，传播红色文化，让课程成为一个有生命力、可持续的课程。

四、课程效果

杜威说过，我们选择了一种什么样的教育，就选择了一种什么样的生活方式。聚焦学科知识的获得促使学生过着以理性为主的生活，而项目式研学实践课程为学生打开了超越系统学科知识体系的窗户，提供了自主实践的有效生活空间，让学生真正参与活动、有所收获并乐在其中，让每位学生的存在都真实又精彩。该项目立足长征历史这段红色文化开展研学实践，经过从设计到实践再到反思与实践的过程，以培养“有理想、有本领、有担当”的时代新人为目的，创设具有综合性、实践性、创新性、拓展性、可持续性特点的活动课程，同时形成了从增强个人理想信念，到促进教师专业成长，提高学校育人改革，促进社会和谐发展螺旋式上升效果的项目式研学实践育人模式，这也是本项目创新实践研究的意义所在。

《寂静的春天》中说过这样一句话：“知识的重要性远不及感受的一半。”红色文化学习重在设计多样化的体验活动，让学生在体验中感受课程的趣味性、挑战性和新颖性，享受学习的温润美好，收获独特阅历，涵养品格，敢于直面未来，在前行道路中追寻最真实的自己。在未来的教学实践道路上，教育者应深耕“勇于尝试、深度探究、以生为本、融合创新”的课程实施理念，突破经验桎梏，探索教育本质，坚持学生立场，破译学生的成长密码，赋能项目式研学实践走深走实。

第五节　致敬伟大，礼赞丰收：社会责任与感恩教育

在现代社会，教育不仅仅是知识的传授，更是情感、价值观和社会责任感的培养。六年级的孩子们正处于形成世界观和价值观的关键时期，通过研学项目，我们不仅能够让他们学习到知识，还能让他们体验到劳动的艰辛与乐趣，培养他们的感恩之心和社会责任感。

本节将结合六年级的研学项目，探讨如何通过致敬伟大，礼赞丰收的实践活动培养学生的社会责任感与感恩精神。

一、启思导图：研学课程的精细化构建

（一）系统化课程设计

研学课程的精细化构建要求我们从宏观和微观两个层面进行系统化设计。宏观层面上，课程需要与学校的教育理念、学生的学情和研学目的地的资源紧密结合，确保课程内容的连贯性和整体性。微观层面上，每个研学活动、每个学习点都需要有明确的目标、内容和评估方式，确保学生能够在每个环节中获得具体、深入的学习体验。

在设计“你好！水稻”这一研学课程时，我们深入贯彻了宏观和微观两个层面的系统化设计原则，以确保课程的有效性和深度。

1. 宏观层面的系统化设计

第一，我们将学校的教育理念“博雅、格致、思辨、勤勉”融入课程设计中。这意味着我们的课程不仅要传授知识，还要培养学生的探究精神、批判性思维和勤奋态度。例如，通过实地考察东莞桥头生态园，学生不仅学习水稻的生物学知识，还要探究水稻种植对当地生态和经济的影响，以及现代农业技术如何改变传统农业。这样的设计确保了课程内容与学校的教育理念紧密结合，同时也考虑了学生即将面临小升初和步入青春期的特殊学情，为他们提供了一个综合性的学习平台。

第二，我们充分利用了研学目的地——东莞桥头生态园的资源。通过实地参与秋收项目，学生能够亲身体验收割水稻的过程，这种实践活动不仅让学生对农业劳动有了直观的认识，也加深了他们对粮食价值和劳动意义的理解，体现了学校“和谐上进向未来”的校风。

2. 微观层面的系统化设计

在微观层面，我们为每个研学活动和学习点设定了明确的目标、内容和评估方式。以“你好！水稻”为例，我们的目标是让学生了解水稻的生长周期、农业生产的科学原理以及农业对环境和社会的影响。内容设计包括课堂理论学习、生态园实地考察和收割水稻的实践活动。评估方式则包括过程评估（如观察学生的参与度与合作情况）、成果评估（如研学报告和展示）以及自我评估（如学生对自己学习过程的反思）。

在收割水稻的实践活动中，学生不仅要学习如何使用农具，还要记录自己

的劳动过程和感受，最后在小组内分享自己的体验和学习成果。这样的设计不仅让学生在实践中学习，还培养了他们的团队合作能力和自我反思能力。这种精细化的设计，能确保学生在每个环节都能获得具体、深入的学习体验。

（二）以学生为中心的课程内容

精细化构建研学课程意味着要将学生的需求和兴趣放在首位。课程内容应围绕学生的认知发展水平和实际需求设计，以激发学生的好奇心和探索欲。通过引导学生主动参与、发现问题、解决问题，课程能够更好地促进学生的批判性思维和创新能力的发展。

研学之初，不是直接走进田间，而是学前导读，学生需要自学探索水稻生长过程以及了解袁隆平先生对中国农业做出的巨大贡献。随后，学生带着问题走进生态园，走进水稻田。学生通过体验收割水稻、编织草绳、晾晒稻谷等一系列活动，体验劳动的辛苦，学会珍惜粮食。学生亲身体验，自由探索，相互交流，寻找答案。就这样，同学们在田间跑跑跳跳的同时，学到知识，感受生活。

（三）跨学科整合与实践应用

精细化构建的研学课程还应注重跨学科的整合，将不同学科的知识和技能融合在一起，帮助学生建立知识之间的联系。同时，课程应强调实践应用，让学生将理论知识应用于实际情境中，通过亲身体验和操作来深化理解。这种跨学科的实践应用不仅能够增强学习的趣味性，还能够提高学生解决复杂问题的能力。

二、躬行实践：田间劳作的深度体验

在田间，学生们的研学之旅从农具博物馆开始，这里不仅是知识的殿堂，更是历史的见证。每一件农具都承载着世代农民的智慧和汗水，学生们在这里聆听农具的故事，感受农业文明的厚重。这种从历史到现实的跨越，为他们后续的实践活动打下了情感和知识的基础。

随后，学生们踏入稻田，亲身体验收割水稻的过程。弯腰、挥镰、捆绑，每一个动作都是对体力和耐心的考验。阳光下，学生们的额头渗出汗水，手中的稻穗逐渐堆成小山。这一刻，他们真正体会到了“粒粒皆辛苦”的深刻含义，也感受到了收获的喜悦。

编稻草绳跳绳则是将劳动与创意完美结合的实践。学生们将收割后的稻草，通过自己的双手编织成跳绳，这不仅锻炼了他们的动手能力，更是一次环保意识的培养。当他们用自己编织的跳绳跳跃时，那份成就感和乐趣是任何言语都无法形容的。

晒稻谷和运稻谷让学生们体验到了农业生产的全过程。他们在阳光下翻晒稻谷，感受谷物的温度和香气；在田间小道上运送稻谷，体会合作的力量。这些活动不仅让学生们体会到了劳动的辛劳，更让他们在团队合作中找到了乐趣。

打地鼠游戏，则是一次寓教于乐的体验。学生们在模拟的田间环境中，扮演农民角色，与“地鼠”斗智斗勇。这个活动让学生们在欢笑中释放了一天的疲惫，更让他们理解了生态平衡的重要性，以及农民在保护庄稼中的智慧和辛劳。

最后，真假鸡蛋实验，是一次科学与实践的结合。学生们通过观察、比较和实验，学会了辨别真假鸡蛋，这不仅是对科学知识的探索，也是对食品安全意识的提升。这个活动让学生们在实践中学习，在学习中实践，深刻体会到了知识的力量。

通过这样的活动安排，学生们不仅亲身体验了劳动的辛劳，更在其中找到了乐趣。他们学会了尊重每一份劳动，理解了劳动的价值，也在劳动中成长，这将是他们一生中宝贵的财富。

三、思悟沉淀：日记与分享的心灵之旅

1. 小结与反思：心灵的触动

研学结束后，老师带领学生进行的小结是一次心灵的触动。在这一刻，学生们回顾整个活动，从田间劳作的艰辛到收获的乐趣，从农具博物馆的历史学习到真假鸡蛋的科学实验。每一次体验都是一次学习，每一次学习都是一次成长。小结不仅仅是对活动的回顾，更是对自我认知的深化。学生们在老师的引导下，开始思考自己在活动中的表现，感受团队合作的力量，体会劳动的价值，以及认识到保护生态的重要性。

2. 研学手册与日记：记录与复盘

研学手册与日记是学生们记录和复盘活动的重要工具。在手册中，学生

们记录下每天的活动内容、所见所闻、所感所悟。这些记录不仅是对活动的复盘，更是对自我成长的记录。例如，一个学生写道："今天在稻田里收割水稻，我感到非常疲惫，但也体会到了农民伯伯的辛苦，我以后会更加珍惜每一粒粮食。"日记则更加私人和情感化，学生们在日记中表达自己的感受，反思自己的行为，总结自己的收获。这些文字，将成为他们宝贵的记忆，也是他们成长路上的见证。

3. 宣传栏的设计与布置：视觉的延续

在美术老师的带领下，学生们将研学手册和照片转化为宣传栏的内容。这不仅是一次艺术创作的过程，更是一次情感表达的过程。学生们精心设计，将他们的所见所感通过视觉艺术的形式展现出来（见图7–2）。例如，他们会选择一张在稻田中辛勤劳作的照片，旁边附上自己的感悟："虽然汗水湿透了衣服，但看到金黄的稻谷，我感到无比的满足和自豪。"宣传栏成为研学活动的延续，它不仅记录了活动的精彩瞬间，更是学生们内心感悟的外在表现。每当走过宣传栏时，学生们都能回想起那段难忘的研学经历，感受到那份劳动的辛劳与乐趣。

图7–2　致敬伟大，礼赞丰收展览

4. 研学的意义：培养社会责任感和感恩精神

研学的意义远不止于活动本身。通过这样的活动，我们旨在培养学生的社会责任感和感恩精神。在田间劳作中，学生们体会到了农民的辛苦，从而更加珍惜粮食，懂得感恩。在生态保护的实践中，他们认识到了人与自然和谐共处的重要性，从而增强了保护环境的责任感。这些体验和感悟，将随着时间的推移，逐渐内化为他们的行动和习惯，成为他们人生的一部分。

5. 持续的影响：研学精神的传承

研学活动虽然结束了，但研学的精神却在持续影响着学生们。通过小结、日记、宣传栏等形式，研学的意义得以延续和传承。学生们在反思中成长，在分享中进步。他们学会了如何从经历中汲取智慧，如何在挑战中寻找机遇。这种能力，将伴随他们走向未来，帮助他们在人生的旅途中不断前行。

古希腊哲学家苏格拉底说："未经审视的生活不值得过。"日记与分享的心灵之旅正是这样一次深刻的内心体验。它让学生们在反思中成长，在分享中进步，培养了他们的社会责任感和感恩精神。这些宝贵的品质，将如同种子一样，播撒在他们的心田，随着时间的流逝，生根发芽，开花结果。

第六节　基于项目式学习的教师成长评价

在当今教育改革的浪潮中，项目式学习作为一种创新的教学方法，不仅在促进学生全面发展方面展现出独特优势，同时也为教师的专业成长评价提供了新的视角和途径。本节将结合我校的实践案例，深入分析项目式学习在教师成长评价中的应用及优势，并探讨其如何促进教师的专业成长。

一、项目式学习在教师成长评价中的应用及优势

项目式学习是一种以学生为中心，通过真实情境中的任务或问题驱动，使学生在解决问题的过程中获得知识和技能的教学方法。在教师成长评价中，项目式学习具有显著优势。

（1）真实情境模拟：项目式学习为教师提供了一个模拟真实教学情境的平台，使教师能够在实践中检验和提升自己的教学能力。

（2）多维度评价：通过项目式学习，可以从教学方法、教育理念、教学技能等多个维度对教师进行全面评价，确保评价的客观性和准确性。

（3）促进反思与成长：项目式学习强调反思和总结，教师在项目实施过程中不断反思自己的教学行为，从而发现不足并寻求改进策略，促进个人专业成长。

二、寮步镇外国语小学项目式学习在教师成长评价中的实践案例

寮步镇外国语小学在项目式学习方面进行了积极的探索和实践，取得了显著成效。以下是一些具体案例。

（一）“我是一个棒小孩”项目式学习

1. 背景

小学一年级围绕着主题“我是一个棒小孩”展开了全课程活动，旨在通过趣味活动培养学生的自信心和人际交往能力。

2. 实施过程

活动包括“赴一场自然之约——我是团结的棒小孩”、“校园寻宝环游记”以及校园露营等多个环节。在这些活动中，教师们精心设计了各种任务和挑战，引导学生在解决问题的过程中学会合作、沟通和探索。

3. 教师成长评价

通过这一项目式学习，学校可以从以下几个方面对教师进行评价。

（1）教学方法。教师是否能够有效引导学生参与活动，激发学生的学习兴趣和积极性。

（2）教育理念。教师是否坚持以学生为中心，注重培养学生的综合素质和能力。

（3）教学技能。教师在项目设计、实施和总结过程中是否展现出良好的组织、协调和管理能力。

（二）跨学科项目式学习

1. 背景

学校鼓励各学科教师之间进行跨学科合作，共同设计和实施项目式学习，以培养学生的综合能力和创新思维。

2. 实施过程

以三年级“欢欢喜喜过大年”跨学科主题项目课程为例，教师们集体教研，将语文、音乐、美术、传统文化、道德与法治、书法等学科内容整合为一体，通过制作中国美食、学唱春节歌曲、书写对联等活动，让学生全面感受春节文化的丰富和深厚。

3. 教师成长评价

这一跨学科项目不仅促进了学生的全面发展，也为教师的专业成长提供了宝贵机会。学校可以从以下几个方面对教师进行评价。

（1）课程整合能力：教师是否能够有效整合不同学科的知识和方法，设计出具有创新性和实践性的项目。

（2）团队协作能力：教师是否能够在跨学科项目中展现出良好的团队协作精神和沟通能力。

（3）教学反思能力：教师在项目结束后是否进行了深入的反思和总结，提出了切实可行的改进建议。

三、项目式学习如何促进教师的专业成长

（一）教学方法的革新

一是项目式学习强调以学生为中心，注重培养学生的自主学习与合作探究能力。这促使教师改变传统的教学方法，更加注重引导学生参与课堂讨论和实践操作，从而提高学生的学习兴趣和积极性。

二是通过项目式学习，教师可以尝试运用多种教学手段和资源，如信息技术、实物模型等，丰富课堂内容，提高教学效果。

（二）教育理念的更新

一是项目式学习强调全面发展学生的综合素质和能力，这促使教师更新自己的教育理念，更加注重培养学生的创新精神和实践能力。

二是在项目式学习中，教师更加注重与学生的互动和交流，关注学生的个体差异和成长需求，从而提供更加个性化的教学服务。

（三）教学技能的提升

一是项目式学习要求教师具备较高的教学设计、实施和评价能力。通过参与项目式学习，教师可以不断提升自己的课程整合能力、团队协作能力和教学反思能力。

二是在项目式学习中，教师还需要具备较强的组织、协调和管理能力，以确保项目的顺利实施和有效推进。

四、项目式学习在教师成长评价中的重要作用及建议和改进

（一）重要作用

一是项目式学习为教师提供了一个展示自己教学能力和专业素养的平台，有助于学校对教师进行全面、客观的评价。

二是通过项目式学习，教师可以不断反思自己的教学行为，发现不足并寻求改进策略，从而促进个人专业成长。

（二）建议和改进

第一，加强教师培训。学校应定期组织教师培训活动，邀请专家学者分享项目式学习的理论和实践经验，帮助教师提升项目设计和实施能力。

第二，完善评价体系。学校应建立完善的项目式学习评价体系，从多个维度对教师进行全面评价，确保评价的客观性和准确性。

第三，鼓励跨学科合作。学校应鼓励各学科教师之间进行跨学科合作，共同设计和实施项目式学习，以促进教师的专业成长和学校的整体发展。

第四，注重反思和总结。学校应引导教师在项目式学习结束后进行深入的反思和总结，提炼经验教训，为今后的教学实践提供借鉴和参考。

综上所述，项目式学习在寮步镇外国语小学的教师成长评价中发挥了重要作用。通过实施项目式学习，学校不仅促进了学生的全面发展，也为教师的专业成长提供了宝贵机会。未来，学校会继续深化项目式学习改革，加强教师培训和完善评价体系，为培养更多具有创新精神和实践能力的新时代人才贡献力量。

第八章　课堂构建：项目式学习引领课堂教学新样态

第一节　项目式学习引领课堂教学新样态概述

在我校，项目式学习不仅被广泛应用于各学科教学中，更成为引领课堂教学新样态的核心动力。本节将概述我校项目式学习引领课堂教学新样态的核心理念、实践探索、实施策略与保障措施。

一、项目式学习的核心理念

项目式学习是一种以学生为中心的教学方法，它鼓励学生在一段时间内对真实、复杂的问题进行探究，最终通过制作作品等来展示他们的学习成果。其核心理念可以概括为以下几点。

（1）真实性：项目主题源自现实生活或学科前沿，与学生兴趣和生活经验紧密相关，激发学习动机。

（2）探究性：学生通过主动探索、实验、分析、综合等过程，构建自己的知识体系，培养解决问题的能力。

（3）合作性：鼓励学生以小组合作的形式完成项目，培养团队协作、沟通和领导能力。

（4）整合性：跨学科整合知识，将理论与实践相结合，促进全面发展。

（5）反思性：在项目过程中及完成后，引导学生进行自我反思和同伴评价，促进深度学习。

二、项目式学习在我校的实践探索

（一）全息语文：构建开放课堂，提升核心素养

在全息语文课堂教学中，我们通过大单元教学、学习任务群、整本书阅读、教育戏剧以及项目式学习等多种方式，全面促进学生语文核心素养的提升。例如，在《古诗词鉴赏》大单元教学中，学生不仅学习经典诗词，还通过对比不同风格的作品，理解诗词发展的脉络，尝试创作现代诗歌，实现知识的继承与创新。项目式学习如《蟋蟀在吟唱——生长的季节》则让学生走进自然，通过观察、记录、写作，培养观察力、表达力和科学素养。

（二）智趣数学：激发数学兴趣，培养逻辑思维

智趣数学通过启蒙数学、趣味数学和思维数学三个层次，循序渐进地提升学生的数学素养。课堂上，我们构建数学智慧乐园，利用数学智力玩具、谜语、故事等激发学生对数学的兴趣；构建数学文化课堂，通过数学家的故事、数学名著等，让学生感受数学的魅力；开发小学数学魔术，让学生在魔术中体验数学的奇妙；开展数学结构化教学，帮助学生系统理解和深度加工数学知识。

（三）沉浸英语：创造语言环境，促进语言习得

沉浸英语课堂通过外籍教师口语课程、英语PBL、英语教育戏剧等多种形式，为学生创造全方位的英语环境。例如，在英语PBL中，学生围绕“中国传统节日”开展项目，通过绘本学习、制作海报和视频等活动，不仅学习了语言知识，还加深了对传统文化的理解和认同。

（四）奇妙科学：探究科学奥秘，培养科学精神

奇妙科学课堂通过“五课共构”模式（科学阅读课、科学实验课、科学观察课、科学操作课、科学探究课），围绕核心素养，全面培养学生的科学思维能力和解决问题能力。在常规课堂、选修课和素质托管项目中，学生通过探究、实验、观察、操作等活动，深入理解科学原理，体验科学探索的乐趣。

（五）活力体育：激发运动兴趣，培养体育精神

活力体育课堂以游戏为主导，注重教学方式的多样化和趣味化。我们通过武术、旱地冰球、足球等特色课程，以及主题体育节等活动，全面提高学生的身体素质和综合能力，培养其团队协作精神和竞技精神。

（六）多彩艺术：融合多种艺术形式，激发创造力

项目式引领下的多彩艺术课堂围绕具体艺术主题项目，融合绘画、手工、舞蹈、数字艺术等多种艺术形式，让学生在实践中探索艺术魅力，培养审美情趣和创新能力。我们通过艺术基础课堂和特色课程（如合唱团、器乐团、舞蹈团等），为学生提供广阔的艺术发展空间。

三、实施策略与保障措施

为确保项目式学习的有效实施，我校采取了以下策略与措施。

（1）师资培训：定期组织教师参加项目式学习培训，提升教师的教学设计和实施能力。

（2）课程研发：成立项目式学习研发团队，结合学校实际，开发具有校本特色的项目式学习课程。

（3）资源保障：提供必要的教学资源和设备支持，如实验室、图书馆、艺术工作室等。

（4）评价机制：建立多元化的评价体系，注重过程性评价和表现性评价，全面反映学生的学习成果。

（5）家校合作：加强与家长的沟通及合作，共同支持学生的项目式学习实践。

经过一段时间的实践探索，我校项目式学习引领课堂教学新样态取得了显著成效。学生的学习兴趣和主动性明显增强，其批判性思维和创新能力得到显著提升。未来，我们将继续深化项目式学习实践，拓宽应用领域，完善评价体系，为培养具有创新精神和实践能力的时代新人而不懈努力。

第二节　全息语文课堂教学新探索

一、全息语文的内涵

“全息”在《现代汉语词典》中的解释是“反映物体在空间存在时整个情况的全部信息的”。王存臻等在《宇宙全息统一论》中指出：“整体的任何一个部分都包含整体的全部信息。”在中国传统思维中，系统的、整体的思想源远流长。庄子说“天地与我并生，而万物与我为一”，“天人合一”的整体思想观，被梁漱溟先生称为“中国哲学对世界的一大贡献”。

全息语文是基于全息理论，整合全方位语文资源，构建开放课堂结构，打造立体学习空间，促进师生全身心参与、深度学习，提升语文核心素养的教学体系。

二、全息语文的分类与实践

全息语文的教学实践涵盖了多个领域和层面，根据其特点和目标的不同，可以将其分为以下五类。

（一）大单元教学：构建知识网络，培养系统思维

大单元教学强调将零散的知识点整合成系统的知识网络。教师深入研读教材，提炼出每个单元的核心素养目标，围绕这些目标设计教学活动，通过主题式、问题式等教学方式引导学生深入理解文本，掌握学习方法，形成系统思维，同时，注重单元间的联系与过渡，确保学生能够在整体框架下构建完整的知识体系。

以《古诗词鉴赏》大单元教学为例，教师不仅引导学生赏析经典诗词，领略艺术魅力，还通过对比不同朝代、不同风格的作品，帮助学生理解诗词发展的脉络，把握其背后的文化意蕴。同时，教师结合现代诗歌，鼓励学生尝试创作，将所学知识融入个人表达之中，实现了从理解到应用、从继承到创新的跨越。这一系列的教学实践，不仅为学生搭建起一个完整的知识网络，更锻炼了他们的综合思维与创新能力，使其思维更加系统而深刻。

（二）学习任务群：融入情境学习，提升核心素养

学习任务群是全息语文教学中落实情境学习理念的重要举措。教师根据课程标准和学情，设计具有真实情境的学习任务群，如新闻报道撰写、演讲稿创作、书信往来等。这些任务贴近学生的生活实际和社会热点，让学生在完成任务的过程中运用语文知识解决实际问题。通过任务群的实施，学生能够更好地掌握语文学习的基本方法和技能，提升语文核心素养和综合能力（见图8–1）。

图8–1　刘青老师执教《草原》研讨课

以六年级下册第一单元《草原》的教学为例，教师以其深厚的文本解读能力，紧扣课标要求，将“文学阅读与创意表达”任务群巧妙融入课堂。教师先带领学生进行文本阅读，通过品读文章的“景语”和“情语”，领略草原风光，品味草原之美；接着创设“文化旅游节征集草原印象MV”的任务情境，鼓励学生进行创意表达，书写草原之美；最后邀请小组代表进行成果展示，宣传草原之美。学生既在知识的海洋中畅游，也在实践的舞台上绽放光彩，实现了知识与实践的完美融合，从而提升了语文核心素养。

（三）整本书阅读：深化文本理解，强化高阶认知

整本书阅读是全息语文中培养学生高阶认知能力的重要途径。教师精选适合学生年龄和认知水平的经典作品，设计具有挑战性的阅读任务，如主题探讨、人物分析、情节重构等，通过小组合作、师生共读、阅读圈等形式，激发学生的阅读兴趣，提升他们的批判性思维和创造性思维能力。

以《哈利·波特》整本书阅读分享课为例，教师带领学生们穿梭魔法世界的每一个角落，引导他们就书中的主题思想、人物形象、故事情节等展开热烈的探讨和交流。同时，教师还鼓励学生们大胆尝试创意写作、角色扮演等多样化的活动，将阅读体验转化为极具个性化的表达和创新性的成果。在教学过程中，教师始终秉持着以学生学习为主体的教学理念，注重培养学生的阅读兴趣和良好的阅读习惯。通过多样化的教学活动和轻松愉悦的学习氛围，学生们的学习兴趣和主动性被充分激发出来。这样的教学过程不仅让学生们对原著有了更加深入透彻的理解，更锻炼了他们的表达能力和创新能力，促进了高阶认知的发展。

（四）教育戏剧：体验具身学习，促进情感共鸣

教育戏剧通过角色扮演、情境模拟等方式，让学生在亲身参与中体验文本的情感和内涵。教师根据教学内容选择合适的戏剧脚本或自创剧本，引导学生进行角色分析、台词排练和舞台表演。通过戏剧表演，学生能够更深入地理解文本中的人物形象和情节发展，同时锻炼自己的语言表达能力和舞台表现力。此外，教育戏剧还能激发学生的想象力和创造力，促进他们的情感与认知的共鸣。

如五年级学生们将古典名著《西游记》搬上了舞台，这不仅仅是文学与艺术的融合，更是项目式学习的深度实践。学生不仅需要深入研读原著，透彻理解其内容精髓，细致剖析人物性格的多样性和情节的跌宕起伏，还要在此基础上进行剧本的二次创作，这一过程考验着他们的文学素养与创意想象。此外，学生们还面临着角色分配的挑战，每个人都要根据自己的特长与对角色的理解，选择最适合自己的舞台形象，这既是对自我认知的一次深化，也是团队协作精神的初步体现。紧锣密鼓的排练过程更是将学生的团队协作能力推向了新的高度，从台词的精准拿捏到动作的协调配合，每一个细节都凝聚着集体的智慧与汗水。通过亲自参与剧本创作、角色塑造及舞台表演等一系列的具身学习体验，学生们得以在实践中灵活运用语文知识，将抽象的文字转化为生动的舞台艺术，这一过程不仅是对他们学习成果的直观展现，更是综合素质与创新能力的一次全面提升。

（五）项目式学习：实现学科融合，培育综合能力

项目式学习是全息语文教学中实现学科融合的有效方式。教师结合语文学科的特点，设计跨学科的项目主题。在项目实施过程中，学生需综合运用语文、数学、艺术、科学等多学科知识，通过团队协作、实地考察、资料搜集等方式，完成项目任务。这种学习方式不仅能够提升学生的语文能力，还能培养他们的团队协作能力、问题解决能力和创新能力。

《蟋蟀在吟唱——生长的季节》是四年级项目式学习的一个典型案例。教师引领学生们踏入自然的怀抱，通过观察自然界四季更迭的微妙变化、细致记录蟋蟀等生物从萌生到成熟的成长轨迹，以及撰写满载个人感悟的观察日记，有效地培养了学生敏锐的观察力和细腻的表达能力。而项目不仅仅止步于个体的探索与记录，教师通过精心策划的小组讨论和汇报展示环节，为学生们搭建起沟通与合作的桥梁。学生们在团队中碰撞思想，共同梳理观察所得，再以多种形式精彩呈现他们的发现与感悟。学生们在探索自然奥秘的同时，也被生命的顽强与美丽触动，从而对科学精神有了更深刻的理解与体悟。与此同时，项目中对生命的细腻描绘与情感共鸣，也悄然滋养了学生的人文素养，让他们学会了以更加温柔与敬畏的态度去审视周围的世界。

全息语文课堂教学作为一种创新的教学模式，通过大单元教学、学习任务群、整本书阅读、教育戏剧以及项目式学习等多种方式，展现出了独特的魅力和显著的教学效果。今后我们将积极探索和实践，不断丰富和完善全息语文课堂教学的理论与方法，让语文教学在全息理念的引领下焕发出更加璀璨的光彩，助力学生在语文学习的道路上走得更远、更稳，实现语文素养的全面提升和综合素质的深度发展。

第三节　智趣数学课堂教学新体验

一、智趣数学的内涵

智趣数学是一种数学教育理念、教学主张、教育追求和实践常态。“智”代表智力、智慧、智能。它体现在对数学知识的理解、方法的提炼、思想的感悟以及思维的提升上。“趣”则代表兴趣、乐趣、情趣、志趣。数学教学不仅要让学生获得学习数学的乐趣，更要让他们领略到数学内在的奇趣、妙趣、理趣。

智趣数学倡导以智启慧、以智怡情、以智明理，积极营造“智趣合一”的教学氛围，倡导教师“智趣同构”的教学艺术，努力发掘学生的“智趣潜质”。

二、智趣数学的层次划分

智趣数学实践是一个循序渐进的过程，旨在通过不同层次的数学学习和多样化的教学方法，激发学生的学习兴趣，提升他们的数学素养。我们从低到高将智趣数学划分为启蒙数学、趣味数学和思维数学三个层次。

（一）启蒙数学

启蒙数学是智趣数学实践的起点，主要面向低年级学生，旨在通过直观、生动的教学方式，激发学生对数学学习的兴趣和好奇心。在这一层次，我们注重培养学生的数学感知和初步运算能力，让学生在轻松愉快的氛围中接触数学、认识数学。

（二）趣味数学

趣味数学是智趣数学实践的重要阶段，主要面向中年级学生，旨在通过趣味化的教学方式，加深学生对数学的理解和掌握。在这一层次，我们注重将数学知识与现实生活相结合，培养学生的数学思维和解决问题的能力。

（三）思维数学

思维数学是智趣数学实践的高级阶段，主要面向高年级学生，旨在通过深入、系统的数学学习和思维训练，提升学生的数学素养和思维能力。在这一层次，我们注重培养学生的逻辑推理、创新思维和问题解决能力，让学生在挑战中提升数学思维和解决问题的能力。

三、智趣数学中的应用实践

智趣数学课堂可结合四个方面推进教学实施，即建构数学智慧乐园、构建数学文化课堂、开发小学数学魔术、开展数学结构化教学，以全面推动智趣数学的深入发展。

（一）建构数学智慧乐园：课堂延伸，激发主动探索

数学智慧乐园就是小学生运用数学思想、方法、知识等对事物进行数学认知思维活动的场所，它的创建基于“课本的拓展，课堂的延伸”。我们避开奥数，立足兴趣、拓宽视野、重在智能，选择了数学智力玩具、数学谜语、数学智力题、数学智力故事、数学家的故事、数学脑筋急转弯、数学童话创编、数学24点等。这些内容独具魅力，受到了学生的热烈欢迎，有利于其数学学习能力的发展，具有积极的现实意义。

例如，智力玩具中的七巧板蕴含了几何分割、静态对策、变位镶嵌等学科知识，这是学生进行等积变换练习的好方法；九连环主要考查数学中的有序思维和思维的缜密性，也是进行意志磨炼的绝好玩具；华容道的玩法涉及数学里的图论和运筹学等多门学科……

构建数学智慧乐园，可以拓展数学学习的新领域，找到数学逻辑智能训练的新途径，改善学生的数学学习心理。

（二）构建数学文化课堂：历史与故事，激发情感认同

构建数学文化课堂是智趣数学中的又一重要应用。数学文化是指数学在形成、发展、应用过程中所体现出来的思想观念、精神追求、审美情趣等文化特质。它不仅涵盖了数学的历史、数学家的故事、数学名著等显性文化，还包括了数学思想、数学方法、数学精神等隐性文化。将数学文化融入数学课堂，有利于学生对数学的全面了解，消除偏见、培养兴趣、树立信心，充分彰显数学课堂的文化魅力。2022版课标要求在数学教学中融入数学文化，而构建数学文化课堂正是这一要求的体现。

从数学内容的选择与组合角度，我校王金发老师在《小学教学实践中的数学文化重构》一书中，初步把课堂分为以下几种类型。

（1）数学文化渗透课：这类课主要是结合教材内容在适当环节渗透数学文化的教学。其分为课前激趣、课中凸显、课尾拓展。

（2）数学文化发掘课：数学文化很多时候不容易被人发现，更不容易让学生感受其中。因此，我们要充分挖掘教材中的相关因素，并设置有效情境进行教学，让学生充分体验数学文化的浸润。

（3）数学文化整合课：有些内容对于数学文化的体现相对比较分散，单独讲授比较缺乏震撼力和感染力。对于这样的内容我们就采用整合课。如我的课例《魅力无穷的圆》，就是整合《圆》整个单元的相关内容执教的一节研讨课。

（4）数学文化主题课：这类课的特点是所教学的内容比较集中，是针对某一个知识点或者一个专题开展的探究。

（5）数学文化拓展课：为了使学生在数学学习中有更开阔的视野，我们可以适当带领学生去开展与课本联系紧密，但是课本比较忽略的内容探究。如学习了《认识时间》，我们可以追溯历史，把古代到现代的计时器都按顺序整理出来，从日晷、沙漏、水漏、香、火钟等到现代的座钟、挂钟、手表、电子表等，从而让学生看到人类不断探究的足迹，感受其中的数学文化。

（三）开发小学数学魔术：观摩实践，体验数学的奇妙

结合数学原理设计魔术活动，是项目式学习在智趣数学中的创新实践。我们运用数学原理设计魔术，其既蕴含数学的智慧，又体现魔术的乐趣。其中数学原理主要指“数学的规律性知识”，数学的规律通常表现为“变中的不变”。我们将数学的规律融入魔术表演所需要的道具、语言、手法，从而开发出适合小学生参与的数学魔术，让学生在观察、分析、学习和创编中亲身体验数学的奇妙。

例如，低年级的“火眼金睛”魔术，通过将扑克牌分类，并将观众抽到的牌放入不同一类中，就能快速找到所抽的牌；中年级的“占卜术”，通过将扑克牌按“牌面÷3”余数分别是1、2、0的规律循环排列，使抽牌者不管抽到哪三张连续的牌，牌面之和一定是3，从而控制占卜结果；高年级的“心灵感应”，通过“抽屉原理”“排列组合”“编码思想”等原理，推理出学生所抽的扑克牌。这样的魔术不仅提升了学生的学习兴趣，还培养了他们的观察力和逻辑思维能力。

（四）开展数学结构化教学：系统理解，深度加工

智趣数学教学的最终目标是促进学生对数学概念、原理的系统理解和深度加工。我们引导学生围绕特定主题或问题，进行系统的探究和学习。

例如，低年级的“总数和部分数”一课中，学生通过对比数量关系相同但情境不同的问题，找出加、减法问题的本质，根据已有信息补充或选择问题，梳理不同信息之间的关联，最后通过分与合这一模型，建立加法与减法之间的联系；在中年级的“面积的度量”一课中，通过回顾测量长度的方法及原理，将其迁移到面积的度量学习中，通过让学生自主构建度量面积的单位，感悟度量的本质就是“数出包含几个单位，就是几”，找到一维、二维和三维之间的关联，帮助学生构建自己的知识系统；在高年级的“分数的双重性格”这一课中，通过从整数既可以表示数量，还可以表示（倍数）关系导入，引出分数的双重性——既可表示数量，也可表示关系（率），深度建立整数与分数、量与率之间的关联。

这样的过程不仅帮助学生形成了结构化的知识体系，还培养了他们的批判性思维和解决问题的能力。

综上，我们通过建构数学智慧乐园、构建数学文化课堂、开发小学数学魔术以及开展数学结构化教学等多维度实践，不仅丰富了数学教学的方法和手段，更激发了学生的学习兴趣，促进了他们对数学知识的主动探索和深度理解。这些策略共同作用于智趣数学的教学实践，为学生构建了一个充满趣味与挑战的学习环境，有助于全面提升学生的数学素养和综合能力。未来，随着这些策略的持续优化与创新，智趣数学教学将迎来更加广阔的发展前景，为学生的数学学习和全面发展奠定坚实的基础。

第四节　沉浸英语课堂教学新模式

一、沉浸英语课堂的内涵

沉浸英语课堂用英语作为学科教学语言，全方位地渗透英语，使学生在听说读写英语的活动过程中，充分沉浸在英语语言的环境中，从而自然习得英语。沉浸英语课堂是注重创造类似母语环境、通过学科融合、利用多样化教学手段，以促进学生英语实践为核心的新型教学模式。

二、沉浸英语课堂的分类与实践

在深入探讨沉浸英语课堂的具体实践时，我们不得不提及它丰富多样的分类形式。每一种分类都代表着一种独特的教学策略，旨在满足不同学生的学习需求和兴趣，进一步提升英语学习的效果与乐趣。接下来，让我们一同揭开沉浸英语课堂分类的神秘面纱，探索它如何携手共创英语学习的无限可能。

（一）外籍教师口语课程

此类课程通过引入具备丰富教学经验和专业资质的外籍教师，为学生们提供一个全真模拟的英语交流环境，增强学生对多元文化的理解和尊重。外籍教师口语课程的核心在于其强调实际的语言运用。课程设计上，它注重日常口语表达的培养，涵盖了国家课程及校本课程里的主题，包括基本问候、自我介绍、购物、餐厅点餐、旅行等生活常见场景的对话练习。此外，课程中穿插的对话、演讲和角色扮演等多样化口语练习，为学生们提供了在真实情境中运用英语的机会，有效增强了他们的语言运用能力和自信心。

同时，外籍教师口语课程还承载着文化交流的重要使命。通过了解英语国家的文化背景、习俗和生活方式，学生们得以拓宽国际视野，理解并尊重不同文化之间的差异，从而培养出更加全面的跨文化交流能力。

（二）英语PBL

英语PBL（Project-Based Learning，项目式学习）强调以学生为中心，通过参与具有实际意义的项目，将英语学习与现实生活紧密相连。在项目式学习中，学生们不再仅仅是被动的知识接受者，而成为主动探索者和问题解决者。他们围绕一个特定的主题或问题，进行深入研究、讨论、规划和实施，最终形成一个完整的项目成果。这不仅锻炼了他们的英语听说读写能力，还培养了他们的批判性思维、创新能力和团队协作能力。

例如，五年级结合“中国传统节日”这一课题研究，成功开展了项目式学习。教师通过设计多元实践活动，如绘本故事学习、制作端午节海报和视频等，帮助学生不仅深入了解了端午节的习俗与意义，还通过动手实践加深了对传统文化的理解和认同。此外，教师还通过发放粽子、视频展示等方式延伸了项目的价值，进一步增强了学生传承中华优秀传统文化的责任感和兴趣。在这个过程中，学生们不仅学习了语言知识，还感受了传统文化的魅力，从而为他们的全面发展注入了新的活力。

英语PBL还为学生们提供了一个展示自我、增强自信心的舞台。在完成项目的过程中，学生们会不断遇到挑战和困难，但通过团队的努力和教师的指导，他们最终能够克服困难、完成任务，并从中获得成就感和满足感。这种积极的体验有助于激发学生们对英语学习的兴趣和热情，为他们未来的英语学习奠定坚实的基础。

（三）英语教育戏剧

英语教育戏剧，作为一种融合了语言学习与艺术创作的新型教学模式，旨在通过角色扮演、剧本创作、即兴表演等戏剧活动，将英语学习与情感表达、想象力激发以及社会文化认知深度结合。在这一过程中，学生们不仅能够在轻松愉快的氛围中提升英语听说读写能力，更重要的是，他们能够在戏剧的舞台上找到自我表达的渠道，培养同理心，增强团队协作与社交技能。

例如，高年级的孩子们在英语戏剧老师的带领下将《曹冲称象》的戏剧搬上舞台，充分展现出了英语戏剧的独特教学魅力。教师首先通过生动有趣的讲解，引导学生们了解故事背景、人物关系和情节发展，帮助他们深入理解文本内容及其背后的文化内涵。在这一过程中，学生们不仅学习到了相关的英语词汇和表达方式，还对中国古人的智慧和传统文化有了更深的认识。接着，教师鼓励学生们以角色扮演的方式，创编符合人物性格和故事情节的英文对话。这一环节不仅锻炼了学生们的英语写作能力，还激发了他们的想象力和创造力。

此外，为了增加戏剧的趣味性和观赏性，教师还引导学生们以歌舞的方式展示《曹冲称象》的故事。学生们在音乐的伴奏下，用舞蹈和歌曲的形式生动地再现了故事中的经典场景和人物形象。这一环节不仅让学生们感受到了英语学习的乐趣，还培养了他们的艺术修养和表演能力。

通过《曹冲称象》这一英语教育戏剧的实践，学生们不仅在英语技能上取得了显著提升，更重要的是，他们在戏剧的舞台上学会了如何与他人合作、如何表达自我、如何理解和尊重不同的文化。这些宝贵的经验和技能将伴随他们走向未来的学习和人生道路，成为他们成长道路上不可或缺的财富。

（四）全纳视角预备课程

《义务教育英语课程标准（2022年版）》指出，义务教育英语课程内容分三级呈现，兼顾小学英语开设起始年级区域差异，设置预备级。预备级英语课程设定了相应语音训练目标、听说能力目标、识读能力目标、学习兴趣和习惯目标、文化意识目标。通过游戏、唱歌、模仿等活动训练，培养学生的基本听说能力和认读能力，提高英语学习的兴趣，养成良好的学习习惯，形成积极乐观的学习态度和学习动机，为今后更系统全面的英语学习打下基础。

但近年来，小学英语预备课程普遍存在单一化、教学活动无主题的问题。在教学时，预备年级以单纯的无主题意义的英语歌谣、游戏为学科教学活动。同时，这些资源也没有帮助孩子学习基本的发音规则，从而无法提高孩子的语言综合素养。

我校致力于推进全纳教育（Inclusive Education）的课程改革，要求不仅接纳所有学生，更重要的是促进每一位学生积极参与学习和生活，满足他们的不同需求。基于该办学理念，备课组整合适合低段学生的英语教学资源，提供科学有效的多类别英语课程设置，包括单元主题课程、绘本阅读课程、综合实践课程、自然拼读课程和英语戏剧课程，为更系统全面的英语学习打下基础。

以字母Oo的自然拼读课程为例，教师选用了《攀登英语阅读系列·有趣的字母》中的“What’s going on?”这一绘本故事。故事含有两条线：明线讲述了为什么角色们往上爬的故事，暗线是字母Oo在单词中的发音。本课通过阅读获取字母的发音，属于语音课中Reading for phonics的教学设计。教师善用Skeleton骨架文本教学法和绘本“五构”教学法，引导学生通过观察绘本封面，猜测绘本主题，并感知本课目标音素，形成语音意识。语音课教学除了需要设立目标音素教学目标，还需要设立与绘本阅读技能相关的目标。因此在课程结束后，低年级学生在绘本图片的帮助下，了解绘本主要人物，可预测故事情节，对故事大意进行深层理解，进而简单复述故事，有能力者可尝试进行小组表演。同时，低年级学生也能通过绘本故事的学习，掌握分辨、分类和拼读音素的五项技能，包括identification、isolation、segmentation、categorization和blending。教师紧扣绘本主题范畴，关注绘本信息的提取，充分挖掘绘本的育人价值，认识该绘本语篇传递的文化内涵，引导正确的价值取向，促进学生的思维发展（见图8-2）。

图8-2　英语教师执教研讨课

（五）小学英语IB课程

IB是一套从小学到高中的完整课程体系，为全球3~19岁的学生而开设，以提供智力、情感、个人发展、社会技能等方面的教育，使其获得学习、工作以及生存于世的各项能力。该课程不仅注重英语语言技能的培养，更强调跨文化理解、批判性思维、创新能力和全球意识的塑造。

小学英语IB课程注重培养学生的批判性思维和创新能力。通过参与小组讨论、项目式学习和创意写作等活动，学生们将学会如何提出问题、分析问题并寻求解决方案。这些活动不仅锻炼了学生们的英语表达能力，还激发了他们的想象力和创造力。

值得注意的是，小学英语IB课程还强调全球意识的培养。通过了解世界各地的地理、历史、文化和环境问题等，学生们将逐渐认识到自己作为地球公民的责任和使命。这种全球意识的培养，将有助于学生们在未来的学习和生活中，更加积极地参与国际合作与交流，为推动世界的和平与发展贡献自己的力量。

（六）英语分级绘本阅读

在沉浸英语课堂的丰富教学体系中，英语分级绘本阅读如同一股清泉，以其独特的魅力和深远的教育价值，为小学生们的英语学习之旅增添了无限乐趣与启迪。

英语分级绘本阅读，顾名思义，是根据学生的年龄、认知水平和英语能力，精心挑选并设计的一系列英语绘本读物阅读课程。这些绘本以其精美的插图、生动的情节和简洁的语言，为学生们提供了一个既有趣又富有挑战性的英语学习环境（见图8-3）。通过分级阅读，学生们可以在适合自己的难度范围内，逐步提升英语阅读理解能力和词汇量，同时培养对英语的浓厚兴趣和良好的阅读习惯。在绘本中，学生们将遇到各种各样的故事和角色，从奇幻的童话世界到贴近生活的现实场景，从勇敢的探险家到机智的小动物，每一个故事都蕴含着深刻的道理和丰富的情感。这些故事不仅有助于学生们理解英语语境下的语言表达，还能激发他们的想象力和创造力，培养他们的同理心和道德观念。

图8-3　英语分级绘本阅读教学展示

以六年级英语绘本 *Let's Save It*为例，整节课以小组合作学习的形式开展，教师首先利用“What do you think of the earth?”引出学生交流的话题，创造了良好的语言学习氛围。接着教师通过一段视频让学生了解到触目惊心的环境问题，追问“Why is the earth crying?”，再引导学生读绘本，寻找答案。最后，每个小组共同合作书写“保护地球”倡议书，呼吁全民环保。课堂上创造了良好的“听、说、读、写”的氛围，学生的积极性高，参与面广。绘本阅读的学习，有效拓宽了学生的阅读视野，强化了学生对阅读策略的进一步掌握，培养起学生在英语课程学习中的环保意识。英语分级绘本阅读作为沉浸式英语课堂的重要组成部分，以其独特的魅力和深远的教育价值，为学生们提供了一个充满乐趣与挑战的英语学习平台。

（七）传统文化课程探究

《国家“十三五”时期文化发展改革规划纲要》提出，要传承中华文化，就要让中华优秀传统文化进校园，将中华传统优秀文化教育融入课程和教材体系，分学段有序推进。在沉浸英语课堂中，传统文化课程探究成为连接语言与文化的桥梁。

“皎皎明月意，浓浓中秋情”，以我校中秋主题课程为例，本次英语中秋课程分别以“初识中秋、体验中秋、分享中秋”为主题，在低中高年段开展了一系列丰富多彩的学习活动。

低年级选取了中秋的英文儿歌和《嫦娥奔月》的绘本故事，并与美术、音乐进行了学科融合，带领学生一同“读中秋”“唱中秋”“画中秋”，充分体会到中秋月圆团圆之意。中年级通过共同讨论中秋习俗、了解月饼来历和品种、品尝中秋美食、制作中秋手工作品，在故事讲述中深入地理解中秋节日的意义，在畅谈中激发孩子们进一步探究中国传统文化的兴趣，在美食品尝中认识中秋特色食物、学会分享，在手工制作中感受中国人心灵手巧的智慧。高年级教师则鼓励学生搜索关于“中秋”的来源、传说、习俗，朗诵中秋的英译古诗，并且积极组队制作“中秋海报”。课后，各组将作品展示在年级宣传栏，其小组组员也参与了“宣传中秋”的视频录制，达到了宣传中华优秀传统文化的目的（见图8-4）。

该模式聚焦于中国历史、民俗风情、诗词歌赋等，旨在通过深入挖掘中华优秀传统文化的精髓，让学生们得以在英语语境下重新审视和理解自己的文化根源。这一过程不仅有助于增强他们的文化自信，还能激发他们对传统文化的热爱和传承意识。同时，通过英语这一媒介，学生们能够将中华优秀传统文化传播到世界各地，促进文化的交流与融合。

图8-4　学生英语作品展示

（八）英语校园文化节

一年一度的英语校园文化节是一个集英语学习、文化交流与趣味活动于一体的盛会，包含丰富多彩的环节。其中，第一届英语校园文化节以“Better Me”为主题，为期近三周的活动涵盖单词拼写、拼读、绘本讲演、团队演讲、知识竞赛及英文歌唱等多样内容，旨在提升学生的英语核心素养与学习兴趣。各年级学生踊跃参与，通过实践活动感受英语魅力，增强语言应用能力。闭幕式上，英文歌唱比赛圆满落幕，展示了学生的英语才华与自信。此次英语校园文化节活动丰富，成效显著，成为学生英语学习旅程中的美好回忆。

这些多元化的教学模式共同构成了沉浸英语课堂的精彩画卷，不仅让学生在英语技能上取得显著提升，更在综合素质、国际视野和文化素养上实现全面发展，为他们的未来学习和人生道路铺设了坚实的基石。

第五节　奇妙科学课堂教学新发现

一、奇妙科学课堂是什么

奇妙科学课堂是一种充满创意与乐趣的教学模式，它采用探究式学习、跨学科整合及个性化教学等手段，旨在点燃学生对科学的热情，激发其探索欲，同时培养他们的科学思维及解决问题的能力。如何使学生在奇妙有趣的学习体验中，主动发现科学现象的内在规律，进而形成系统化、深层次的科学认知，成为当前教育界普遍关注的课题。

本节旨在探讨如何借助丰富多样的课堂教学内容，以及多元化的教学媒介——涵盖常规课堂、选修课程及素质托管项目，来优化科学教学策略。本节强调在主题明确的教学基础上，深度挖掘教材知识的内在联系，并结合日常观察与实践活动，为学生搭建多维度的科学学习平台。通过灵活的教学流程设计与创新的课后实践安排，学生不仅逐步夯实了科学基础知识，更在开放、真实的情境中培养了探究意识、创新思维及综合应用能力，提升了科学核心素养。

二、构筑“五课共构”模式：围绕核心素养，奠定全面学习基石

（一）科学阅读课，以阅读来获取知识、理解科学原理

科学阅读课，不仅仅是文字的堆砌与浏览，而是以阅读为媒介，引领孩子们获取知识、深入理解科学原理的奇妙旅程。在小学科学课堂上，这样的课程尤为生动有趣。在探索“植物生长的秘密”这一主题时，老师精心挑选一本图文并茂的科学绘本，引导学生们通过阅读，去了解植物从种子发芽到开花结果的整个过程（见图8-5）。通过阅读，学生们不仅掌握了光合作用、蒸腾作用等科学概念，还通过生动的插图和浅显易懂的文字，感受到了生命成长的奇迹，从而更加热爱大自然，对科学充满了无限的好奇与向往。

图8-5 学生阅读的科学绘本

（二）科学实验课：突出实验在科学学习中的实践性和探索性

科学实验课，犹如一座桥梁，凸显了实验在科学学习中的实践性和探索性。在“磁力的奥秘”实验课上，老师不需要直接讲解磁力的原理，而是先让学生们亲手操作，用磁铁去吸引各种物品，观察并记录哪些能被吸引，哪些不能。学生们在实践中发现，磁铁能吸引铁钉、镍片，却不能吸引木块、纸片。这种通过亲身实验得出的结论，远比单纯的文字描述来得深刻。随后，老师再引导学生们阅读相关科学资料，结合实验现象，深入理解磁力的性质。这样的科学实验课，不仅激发了学生们对科学的好奇心，更培养了他们的动手能力和探索精神。

（三）科学观察课，强调观察作为科学探究基础的作用

科学观察课，老师带领学生们进行一场场别开生面的科学观察活动。老师引导学生们仔细观察校园中的植物，从叶子的形状到花朵的颜色，每一个细节都不放过。这些实践不仅让学生们亲身体验到了观察的乐趣，更深刻地理解了观察在科学探究中的基础性作用。老师耐心地讲解，让学生们明白，每一个细微的发现都可能成为科学探索的重要线索。正如在观察过程中，有学生注意到了不同植物叶片上的细微差异，这一发现激发了他们进一步探究植物分类和生长环境的兴趣。通过观察，学生们学会了如何提出问题、寻找答案，以及如何在自然中发现科学的奥秘。科学观察课不仅是对观察技能的训练，更是对科学探究精神的培育。

（四）科学操作课，体现动手操作在提升科学技能方面的价值

科学操作课，以“水的循环”科学课程为例，学生们亲手搭建小型的水循环系统模型，从蒸发、凝结到降水，每一步操作都让他们深刻理解了自然界中水循环的原理（见图8-6）。这样的动手实践，不仅让学生们对科学知识有了更直观的认识，更在无形中锻炼了他们的观察力、思考力和解决问题的能力，

充分体现了动手操作在科学学习中的不可或缺性。

图8-6 科学课：“水的循环”

（五）科学探究课，鼓励学生在科学领域进行深入的探索和研究

科学探究课，以“植物生长的秘密”为例，老师鼓励学生深入科学领域进行探索与研究。学生们亲手种植豆芽，每天记录其生长变化，从播种、发芽到茁壮成长，每一个细微的变化都成为他们探究的焦点（见图8-7）。通过这一实践过程，学生们不仅学会了如何观察、记录和分析数据，更在亲身参与中培养了对科学现象的好奇心和探究欲。这样的科学探究课，让学生们在动手实践中深化了对科学知识的理解，激发了他们深入探索科学奥秘的热情。

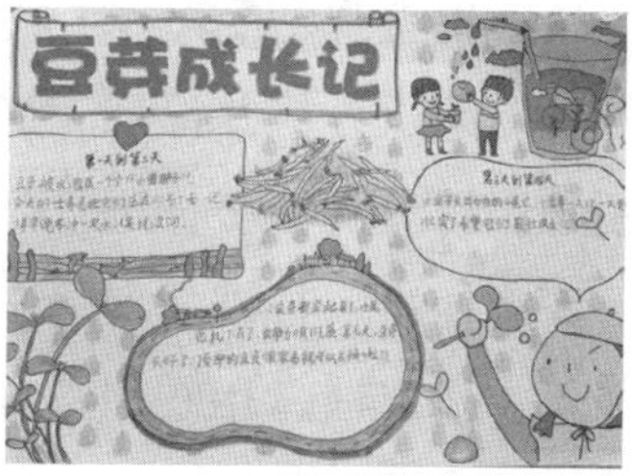

图8-7 手绘“植物生长的秘密”

三、融入常规课堂：聚焦主题方向，夯实科学认知基础

在日常小学科学课堂中，老师从明确的自然现象或科学主题出发，引领学生走进充满惊喜的科学世界（见图8-8）。例如，以“水与空气”为教学主题时，老师引导学生观察环境，如露珠、水杯、绿植叶片及微风，通过感官体验了解水的形态和空气特征。老师设计简单实验，如观察水蒸气的形成与冷凝，使学生感受空气流动，掌握基本概念。小组讨论让学生描述现象，激发好奇心，促进科学语言运用。在循序渐进的教学中，学生从直观感知到初步科学思考，加深对主题的理解，为后续探究奠定基础。精心设计的教学不仅呈现了清晰的主题，还让学生在真实体验中感受科学的奇妙，构建初步认知结构。项目式教学让学生应用知识，培养解决问题的能力，小组合作增强沟通与协作能

力，巩固科学概念，激发持续兴趣。

图8–8　学生在上科学课

四、面向选修课平台：明晰素养目标，拓展科学思维空间

在选修课灵活和开放的教学平台上，老师针对学生的兴趣点和认知难点，将科学素养目标细化并深入落实。例如，老师以“奇妙的水循环”作为选修课程的主题，通过科普短片展现水循环过程，组织多样化实验和实践活动，如搭建“微型水循环生态瓶”，让学生直观感受蒸发、冷凝等动态过程，将抽象概念形象化。老师引导学生自发提问、分析并论证，如探讨光照、植物种类对水循环的影响，促进学生运用知识思考新情境，进行归纳、演绎和推理。选修课通过视觉启发、动手实践、深度探讨，打破学习局限，培育高阶思维与探究能力。学生不仅认识了科学现象，还灵活运用知识，增强实践能力，提升批判性思维和科学探究能力。

五、依托素质托管：深入整合教材知识，连通科学生活实践

在素质托管延伸教学的时空中，老师将课内所学的科学知识巧妙渗透至课外观察与探究活动中，使学生在真实情境中领悟科学的价值。老师设计一系列富有针对性与持续性的观察任务，引导学生将关于“水与空气”的基础认识转化为对身边环境的科学探查。课后延时活动中，老师鼓励学生分小组观察校园环境：测量水池蒸发、记录水位变化，观察花草叶片润泽度与露珠凝结，比较不同天气下土壤湿度，积累天气、空气湿度，水形态等数据。学生将课堂科学概念融入实践：分析缺水对植物生长的影响；理解水循环过程；对照课本知识与现实，认识水汽含量对动植物及人类活动的影响。通过亲身体验，学生感受到科学知识与生活紧密关联，提高了科学理解与应用能力。他们将抽象知识与

真实环境相连，形成从教材到观察再到科学思考的完整链条。学生的科学素养得到提升，对科学的理解逐渐丰满与深化。在项目式教学中，学生实地观察记录，将科学理论应用于生活，增强了实践能力。

通过教学内容的“五课共构”，以及常规课堂的主题引领、选修课的素养拓展、素质托管的实践延伸，小学科学教学得以在多元融合的办学特色中实现全面优化。学生既夯实了科学基础知识，又逐步形成主动探究、灵活运用和独立思考的科学素养，不断迈向深层次的科学认知与成长。

第六节　活力体育课堂教学新活力

在当今体育教育改革的浪潮中，活力体育课堂教学新样态以其独特魅力和鲜明特色涌现于课堂教学改革之中。这种新样态不仅打破了传统体育教学的框架，实现了多方面的创新，还为学生提供了更为丰富多元且富有挑战性的学校体育体验。

活力体育课堂，在小学体育课程中，通过一系列丰富多彩的教学活动，旨在激发学生的体育兴趣，培养其健康意识和体育素养，进而促进学生的身心健康发展。在我校，活力体育课堂以游戏为主导，注重教学方式的多样化和趣味化。其内容广泛，包括基础体育、武术课、旱地冰球、足球课等常规体育课堂，以及学校特色体育项目如武术和冰雪项目，还有主题体育运动会等。

寮外小学正是让体育课堂焕发出了前所未有的活力。本节将重点探讨我校的活力体育课堂以及两大特色项目——冰雪项目与武术，阐述它们如何以全新的面貌在校园里生根发芽，绽放出独特的光彩。

一、体育课堂：奠定基石、多元融合

新课程标准明确指出，小学阶段体育与健康课程应以学生发展为本，注重教学方式改革，实现从“以知识技能为本”向“以学生发展为本”的转变。教

师不再是单纯的知识传授者，而是成为学习的引导者和促进者。为充分发挥体育在小学生身心素质培养、团队协作能力塑造、竞技精神激发以及创新能力启蒙中的关键作用，我们积极将项目式学习的理念融入基础体育课程，旨在为学生营造一个更加丰富多元且富有挑战性的体育学习环境，全面促进他们的核心素养提升。

我校在体育课程方面设有特色课程（武术课、旱地冰球课、足球课）和基础体育课。

（一）武术课：文化传承与创新能力并重

武术作为中华优秀传统文化的瑰宝，其教学价值不言而喻。在项目式学习中，武术课不仅注重传统武术的传承，还鼓励学生发挥创新思维，将武术与现代元素相结合。

例如，我们的武术课堂在练习好武术基本功后，会组织学生进行武术表演创作，让他们在表演中融入音乐、舞蹈等元素，使武术表演更加生动有趣；同时，还会开展武术创意比赛，鼓励学生设计独特的武术招式和动作组合。这样的教学方式不仅让学生深入了解了武术文化，还激发了他们的创新能力和艺术表现。

（二）旱地冰球课：团队协作与竞技精神并重

旱地冰球作为我校学生的新兴体育项目，以其低门槛、高趣味性的特点，迅速成为学生中的热门选择，有效促进了学生的敏捷性和反应速度。同时为推进国家号召“北冰南展”战略目标，让学生在南方体验北方体育运动，其教学价值同样不容忽视。旱地冰球课程注重培养学生的团队协作能力和竞技精神。

例如，在旱地冰球课上，教师组织学生进行基本功的班内比赛和分组对抗赛，让他们在比赛中学会相互配合、共同进退；同时在课堂上，教师开展班内分组联赛，利用课堂时间让学生自由组队创立球队名，教师制定赛程，进行单循环比赛，让学生在激烈的对抗中锻炼意志品质、培养竞技精神。这样的教学方式不仅提高了学生的运动技能，还增强了他们的集体荣誉感和团队精神。

（三）足球课：技能培养与战术配合并重

足球作为世界第一大运动，其教学价值在于不仅能够提升学生的体能和技能，还能培养他们的团队意识和战术素养。足球课堂中，教师同样秉持着技能培养与战术配合并重的原则，旨在为学生们提供一个全面、有趣的足球学习环境。

例如，在足球技能培养方面，注重基础动作的规范性和准确性。通过游戏化方式反复地练习和纠正，学生们能够逐渐掌握传球、射门、控球等基本技能，能在玩中学，学中玩。同时，我们还会适当开展室内课，结合视频分析和示范教学，让学生们更加直观地了解足球技能的要领和技巧。在战术配合方面，教师通过在课堂组织班内小组对抗赛和模拟比赛，使学生们能够在实战中学会观察队友的位置、判断对手的动向，并根据比赛形势灵活调整战术。我们还会在课堂上进行简单战术讲解和演练，让学生们深入理解足球战术的原理和运用方法。此外，我们每学年都会举办班级足球比赛和足球技巧大赛，这样的教学方式不仅提高了学生们的足球技能水平，还增强了他们的团队协作能力和战术意识。

（四）基础体育课：全面锻炼与个性发展并重

基础体育课作为体育教学的基础环节，我校积极进行创新，将游戏化和比赛形式融入课堂，打造一节节既充满乐趣又富有成效的教学活动课。其目标是全面提高学生的身体素质和综合能力，同时注重学生的个性发展和兴趣培养。

为了让学生更加积极地参与到体育活动中来，我们设计了富有创意和趣味性的体育游戏，使学生们在轻松愉快的氛围中锻炼了身体，并培养了团队协作和竞争意识。此外，为了全面提高学生的身体素质，基础体育课设置了多样化的年级比赛项目，如仰卧起坐、一分钟跳绳、50米跑和坐位体前屈等。以上项目教师还会把常规的体育项目比赛改为趣味性比赛，如：仰卧起坐传零食、千奇百怪跳绳等等。这些比赛项目不仅覆盖了速度、力量、柔韧性和耐力等多个方面，还确保了全体学生的广泛参与。通过比赛，学生们在竞争与合作中感受到了运动的乐趣，同时也激发了他们参与体育活动的热情。这些比赛不仅增强了学生的集体荣誉感和团队精神，还促进了不同班级之间的交流与互动。

无论是武术课、旱地冰球课、足球课还是基础体育课，它们都各有特色，共同构成了寮外小学体育丰富多样的体育课程体系。这些课程不仅注重传统文化的传承和新兴体育项目的推广，还强调创新能力和竞技精神的培养，以及学生个性和兴趣的发展。通过这些课程的学习，学生不仅能够全面提升身体素质和综合能力，还能在运动中收获友谊、快乐和成长。因此，我们应该继续加强体育课程的建设和优化，为学生提供更多元化、更富有挑战性的体育课程，让他们在运动中成长，在运动中绽放光彩。

二、学校特色体育：冰雪与武术，双轮驱动

在基础体育课程之外，学校还有两大特色体育项目，旨在进一步拓宽学生的体育视野，激发学生对体育运动的热爱。

（一）冰雪项目：南方冰雪梦，激情燃校园

学校积极响应国家“北冰南展”的战略部署，在广东省教育厅持续推动冰雪运动进校园的系列举措支持下，学校大力推进和创建冰雪项目，包括旱地冰球、越野滑轮、轮滑冰球、旱地冰壶等。学校重点将旱地冰球纳入体育课堂，还开设选修课、卓越校队和430课后服务，参与学生已经有二百多人。在学校的不懈努力下，学生体验到北方体育项目的乐趣，培养了冰雪运动人才，我校也于2023年11月荣获广东省青少年校园冰雪体育传统特色学校称号。

（1）旱地冰球，以其独特的魅力和较低的参与门槛，让学生在无冰无冰鞋条件下也能体验到冰上运动的快感。学生们在赛场上奔跑、传球、射门，享受着团队协作与竞技对抗的乐趣。

（2）轮滑冰球，将轮滑的速度与冰球的技巧完美结合，为学生们提供了一种全新的运动体验。他们穿着轮滑鞋，在冰球场上飞驰，用球杆击打冰球，每一次进攻与防守都充满了刺激与挑战。

（3）越野滑轮，被称为“雪上马拉松”，结合了速度与技巧。学生在田径场上挑战自我，享受运动的自由与速度的激情。

（4）旱地冰壶，以其策略性和趣味性，成为促进学生智力与体力双重发展的良好平台。在冰壶场上，学生们需要运用智慧和策略来布置战术，同时也要保持体力和耐力来完成比赛。

我校冰雪项目创建仅一年多时间，就已经取得了令人瞩目的成就，充分展示了我校在冰雪运动领域的迅速崛起。我校越野滑轮项目获得国家级1金2银1铜、省级30金17银8铜等优异成绩，连续两年获得省级比赛团体总分第一；旱地冰球获国家级第四名、省级第二名；轮滑冰球获省级第八名。以上的成绩不仅是对我校冰雪运动工作发展的肯定，也是对我校冰雪项目运动员和指导教师辛勤付出的最好回报。在我校师生的共同努力下，我校冰雪项目必将取得更加

辉煌的成就。

（二）特色武术：中华武术的传承与创新

武术作为中国的国粹，不仅能够强身健体，更是文化传承的重要载体。我校特色武术分为四个部分：武术体育课堂、咏春大课间活动、武术选修课和武术卓越校队，共同构成了我校武术教育的完整体系。

（1）武术体育课堂：这是学生们接触武术的起点。在这里，学生们将学习武术的基本功，包括马步、踢腿、打拳等基础动作。这些看似简单的动作，实则是武术修炼的根基，它们能够帮助学生们打下坚实的武术基础，同时锻炼他们的身体协调性和耐力。

（2）咏春大课间活动：作为我校的一大特色，咏春大课间内容是由我校两位专业武术教师自编，将咏春拳的精髓融入了学生们的日常锻炼中。学生们会在教师的带领下，进行咏春拳的基本动作练习和套路练习，并在实践中体会咏春拳的拳理和实战技巧。

（3）武术选修课：为了满足不同学生的兴趣和需求，我校还开设了武术选修课。在这里，学生进一步学习咏春拳等已学流派的高级技巧。这种个性化的学习方式，让学生们在武术的道路上能够走得更远、更稳。

（4）武术卓越校队：作为我校武术教育的精英团队，武术卓越校队汇聚了众多武术爱好者中的佼佼者。他们不仅要在课堂上学习武术的基本功和套路，还要进行专业的体能训练和技术提升。此外，校队还涵盖了长拳、南拳、咏春拳以及其他武术器械的学习与训练，旨在培养出一批批技艺精湛、素质全面的武术人才。他们将在各类武术比赛中为学校争光，同时也将成为中华武术文化的传承者和创新者。

我校的武术特色项目不仅让学生们在运动中强健了体魄，更让他们在文化的熏陶中学会了尊重、坚韧和创新。我们相信，在这片充满活力的武术天地里，每一位学生都能找到属于自己的舞台，绽放出属于自己的光彩。

三、主题式体育节

我校体育节不仅仅是一场体育竞技的盛宴，更是一次项目式学习与体育精神深度融合的生动实践。通过三届主题鲜明的体育节开幕式表演，我们生动展现了项目式学习的魅力与体育精神的璀璨交融。

（一）第一届：最燃运动风，浓浓民族情

第一届体育节以“最燃运动风，浓浓民族情”为主题，开幕式表演上，学生们通过项目式学习的方式，深入挖掘并演绎了我国丰富多彩的民族体育项目。他们身着各民族的传统服饰，以舞蹈、武术、球类比赛等形式，生动再现了蒙古族的摔跤、苗族的竹竿舞等民族体育项目的风采。这些表演不仅展示了学生们的体育技能，更增进了各民族之间的团结与和谐，让观众感受到了民族体育之魂的炽热与激情。

（二）第二届：缤纷世界 魅力体育

第二届体育节以“缤纷世界 魅力体育”为主题，学生们通过项目式学习，深入探索并生动演绎了来自世界各地的风土人情与体育特色，使得整个体育节充满了浓厚的国际氛围和无限魅力。各班级以“国家”命名，精心策划并呈现了一场场精彩绝伦的表演。这些表演不仅展示了各国体育项目的风采，还融入了丰富的文化元素，让人仿佛置身于异国他乡，感受着不同国家的独特魅力。例如，有的班级选择了巴西作为主题，他们身着色彩斑斓的巴西传统服饰，热情洋溢地跳起了桑巴舞，同时展示了巴西足球的精湛技艺，将巴西的狂欢与激情展现得淋漓尽致。而有的班级以西班牙斗牛舞、中国武术等为主题，他们各展所长，将各国的体育文化特色演绎得栩栩如生。这些表演不仅让观众大饱眼福，更激发了他们对各国文化的兴趣和好奇心。

（三）第三届：经典名著齐演绎 活力寮外向未来

第三届体育节以“经典名著齐演绎 活力寮外向未来”为主题，开幕式表演成为一场文学与体育创意融合的盛宴。学生们通过项目式学习，将经典名著中的故事情节与体育项目巧妙结合，创作出一系列富有创意的表演。如：低年级上演一只只黑灰色的“小蝌蚪”俏皮地摆动着身体，这是一群从故事中游来的小蝌蚪在池塘里寻找着妈妈。高年级的孩子们致敬经典，走进伟大文豪鲁迅先生波澜壮阔的一生。一望无际的种着碧绿西瓜的沙地里，一个十一二岁的敏捷少年手捏钢叉，朝一匹逃窜的猹奋力地刺去，那是《少年闰土》里纯真欢乐的鲁迅。这些表演不仅展示了学生们在项目式学习中的创意和才华，还体现了他们对经典名著的深刻理解和热爱。通过体育与文学的巧妙结合，学生们不仅锻炼了身体，还丰富了精神世界，提升了文化素养。

通过这三届主题鲜明的体育节开幕式表演，我们充分展示了项目式学习与体育精神深度融合的成果。学生们在参与中不仅提升了体育技能，更培养了创新思维、团队协作和解决问题的能力。在未来的日子里，我校将继续探索项目式学习与体育教育的更多可能性，为学生们提供更加丰富多彩的体育节体验。

第七节　多彩艺术课堂教学新创意

一、项目式引领下的多彩艺术课堂是什么

项目式引领下的多彩艺术课堂，是以项目式学习为基础，围绕一个具体艺术主题项目（如“校园文化艺术节”“传统节日主题艺术展”等）来驱动教学，促使绘画、手工、舞蹈、数字艺术等多种艺术形式相互融合，让学生处于主体地位，主动探究完成项目所需知识技能，并以小组合作的方式从不同方面推进基于真实艺术情境设定的项目，最终使学生通过举办艺术展览、戏剧演出等成果展示，获得成就感并提升艺术素养，从而打造出内容丰富、形式多样且充满活力与创意的艺术课堂。

二、项目式引领下的多彩艺术课堂特点

项目式引领下的多彩艺术课堂，注重将艺术学习与实践项目相结合，强调学生的主动参与和创造性表达。课堂内容丰富多彩，涵盖绘画、雕塑、音乐、戏剧等多种艺术形式，满足学生多样化需求。通过项目驱动，学生在实践中探索艺术魅力，培养审美情趣和创新能力。这种教学模式既激发了学生的学习兴趣，又促进了学生综合素质的全面提升。

三、项目式引领下的多彩艺术课堂实践

（一）小学艺术课堂中的基础课堂：筑牢艺术根基

1. 音乐基础课堂：奏响旋律之基

乐理知识是小学音乐基础课堂的核心内容。从简单音符如活泼的四分音符、沉稳的二分音符的识别，到复杂节拍规律像常见的2/4、3/4节拍的掌握，学生们在聆听、模仿、练习中逐渐建立起对音乐的基本认知。例如，老师通过有趣的节奏游戏，让学生在欢快的氛围中感受不同节拍的强弱韵律。小乐器进课堂更是为音乐学习增添了活力。以口风琴为例，学生们从认识乐器结构与功能开始，逐步学习吹奏技巧。在这个过程中，枯燥的音高概念通过手指按动与气息配合变得直观可感，抽象的节奏型也能生动呈现。当学生们用口风琴吹奏出简单的旋律时，他们对乐理知识的理解也得到了深化。

2. 美术基础课堂：绘就色彩之梦

小学美术基础课堂注重绘画基本技巧与色彩认知能力的培养。在线条运用方面，学生从横线、竖线、曲线等简单线条练起，逐渐掌握用线条勾勒物体形状、表现质感与动态的方法。在形状认知上，学生从认识圆形、方形、三角形等基本几何图形开始，进而学会组合运用构建画面。色彩认知环节如同打开一扇通往绚丽世界的大门，让学生认识三原色红黄蓝及其混合产生的间色变化，通过观察、比较、实践感知色彩的冷暖、明暗对比，体会不同色彩搭配传达的独特情感。如在绘画春天的场景时，学生们用绿色表现生机盎然的草地，用粉色描绘盛开的花朵，用蓝色绘制清澈的天空，将色彩知识融入创作中，丰富了绘画语言，激发了对美的感受与表达（见图8-9）。

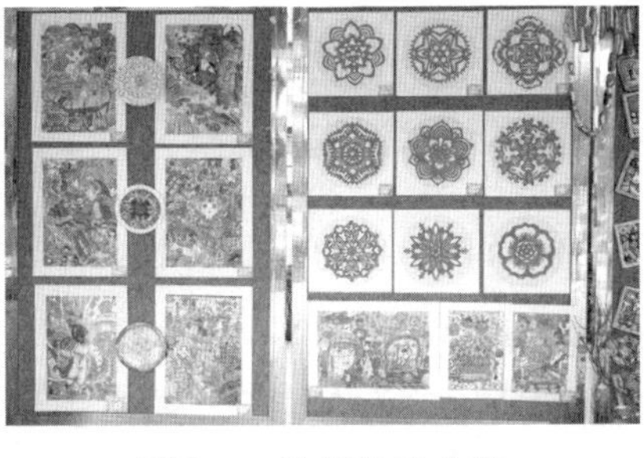

图8-9　绘就色彩之梦

（二）音乐学科特色课程：奏响独特旋律

1. 合唱团：和声之美，润心启智

“寮外爱歌合唱团”每周二、周四16：00—18：00训练，面向三至六年级招生，现有团员62人。合唱训练从气息训练开始，引导学生联想闻花香、吹蜡烛的感觉，掌握深吸气与慢呼气技巧。发声训练从基础音阶过渡到不同母音发声，帮助学生找到正确发声位置，使声音圆润明亮。音准训练采用多声部视唱、听辨音程等方式，提升学生对音高的敏感度。在排练《乡谣》时，老师讲述歌曲背后对家乡的美好回忆，让学生在演唱中融入温暖亲切的情感，不仅提高了演唱技巧，更培养了音乐表现力与情感表达能力。

2. 器乐团：指尖灵动，奏响乐章

“寮外爱乐器乐团”每周一、周二、周四15：30—18：00训练，主要面向三至六年级学生，现有成员32人。课程涵盖口风琴基本演奏技巧，包括指法规范、气息控制、单音与和弦吹奏方法等。学生从认识乐器开始，逐步学习吹奏简单音符，通过反复练习掌握基本技能。随着学习的深入，学生进行简单曲目的合奏训练，如《金蛇狂舞》《哆啦A梦》等，合奏训练注重培养节奏感与团队协作能力。在一次校内音乐会上，乐团学生整齐吹奏《歌声与微笑》，清脆悦耳的声音赢得师生阵阵掌声，也让学生在展示中获得自信，不断进步。

3. 舞蹈团：舞动青春，绽放光彩

“寮外舞蹈团”分高段舞蹈团和低段舞蹈团，周一到周五15：30— 18：00训练，面向一至六年级学生选拔，现有团员84人。舞蹈团课程内容丰富，包括街舞、民族舞、现代舞等多种形式。基础训练注重身体柔韧性与协调性培养，通过压腿、下腰、开肩等练习，让学生身体更加柔软灵活。舞蹈技巧训练涵盖跳跃、旋转、翻滚等动作，提升学生舞蹈技艺。在排练英歌舞时，老师介绍潮汕文化习俗、英歌舞特点，让学生将对民族文化的理解融入舞蹈动作和表情中，在舞台上用优美舞姿展现青春活力与艺术魅力，并参加校内外文艺演出，成为校园亮丽风景线。

4. 粤剧团：传承经典，粤韵悠扬

“寮外粤剧团”每周二、周四16：00—18：00训练，主要面向三至六年级对粤剧有兴趣的学生，现有团员20人。课程从粤剧基础知识讲起，包括历史渊源、唱腔特点、表演形式等。在唱腔训练中，学生学习梆子腔、二黄腔等经典唱腔，反复练习发声技巧与韵味。表演训练注重手势、眼神、身段等基本功，从基础兰花指等手势学起，逐渐掌握各种表演技巧。在社区粤剧表演中，学生表演《荔枝颂》选段，婉转悠扬的唱腔和细腻入微的表演，让观众沉浸其中，赢得高度赞誉，为粤剧文化传承发展注入活力。

5. 萨克斯：金音雅韵，气质天成

“萨克斯乐团”每周二、周四16：00—18：00训练，面向四至六年级学生招生，现有团员8人。课程从萨克斯构造、发音原理等基础知识入手，让学生了解乐器。演奏技巧训练包括嘴型控制、气息运用、指法熟练掌握等，学生从单音吹奏开始，逐步练习音阶、琶音、吐音等技巧。乐团注重培养学生对不同音乐风格的理解与演奏能力，如古典音乐、爵士乐等。在学校散学典礼上，学生演奏《名侦探柯南》中的曲目，自信的演奏姿态和娴熟技巧展现出萨克斯的独特魅力，让观众感受爵士乐自由灵动之美。

6. 表演唱团：歌声灵动，表演传情

“小精灵表演唱团”每周一、周三、周五15：30—18：00训练，面向一、二年级学生，现有团员15人。课程既包含声乐训练，如发声方法、音准节奏、歌曲演唱技巧等，又涵盖表演训练，如舞台走位、表情管理、肢体动作设计等。课程根据学生年龄特点与嗓音条件选择歌曲，从儿童歌曲到经典民歌拓宽演唱曲目。在排练《Bim Bam》时，学生通过身体律动、表情，生动展现歌曲的童趣与哲理。表演唱团经常参与学校文艺演出与比赛，用欢快的歌声和活泼的表演赢得观众喝彩，展现演唱艺术的独特魅力。

（三）美术学科特色课程：绘就多彩画卷

1. 书法校队：墨香沁心，笔韵传情

“墨韵书法校队”每周二、周四放学后训练，现有队员11人。教学从书法基础知识传授开始，让学生了解汉字从甲骨文到草书的演变过程，感受书法艺术的博大精深。基本笔画练习是关键，学生通过反复练习横、竖、撇、捺等基本笔画，掌握起笔、行笔、收笔技巧，体会用笔提按、顿挫、轻重、缓急。学生在掌握基本笔画后，学习字体结构并临摹经典字帖，如颜真卿《颜勤礼碑》、欧阳询《九成宫醴泉铭》等，分析间架结构规律后进行临摹创作，逐渐形成自己的风格。书法校队积极参与各类比赛与展览，在广东省和东莞市组织的比赛中屡获佳绩，作品在多个书法展览中亮相，传承弘扬中国书法文化。

2. 创意综合材料绘画校队：创意无限，材料生花

“创意综合材料绘画校队”每周四16：25—18：00训练，共有队员10人。课程引导学生探索各种材料特性与表现力，如纸张、布料、木材等常见材料及树叶、树枝等自然材料。学生通过触摸、观察、实验了解材料质地、颜色、纹理，思考如何运用到绘画创作中。创作时鼓励突破传统，采用粘贴、拼接、镶嵌等多种方式组合材料，创造独特画面效果。例如，有的学生用废旧彩色纸张撕贴成风景画，有的将树枝、树叶与颜料结合创作立体作品，同时运用剪刀、胶水等工具实现创作构思，构建富有个性创意的画面。

3. 信手“黏”来选修课：黏土生趣，创意无限

该选修课每周二第六节上课，本学期有37名学生参与。课程以多彩黏土为创作媒介，黏土柔软可塑、色彩鲜艳，适合低段学生动手操作。课堂上，学生发挥想象力将黏土捏成各种形象，如可爱卡通形象小熊维尼、超级飞侠，栩栩如生的动物造型小猫、小狗，美丽植物花朵、树木，以及生活用品杯子、盘子等。在创作过程中，学生锻炼手部协调能力，通过揉、搓、捏、压、切等动作塑造形状，培养空间感知能力，构建物体立体形态，同时培养耐心、专注力和创造力。当一件件黏土作品完成时，学生获得满满的成就感和自信心，这种寓教于乐的方式深受学生喜爱。

4. 小裁缝校队：巧手裁缝，创意成衣

小裁缝校队训练时间为周二17：15—17：55，周四16：25—17：55，现有队员13人。课程从基础缝纫技巧教学开始，包括穿针引线、打结、裁剪布料等。学生在老师指导下认真学习，掌握基本技巧后进行简单衣物或布艺小物缝制，如手帕、小布袋、布娃娃衣服等。制作过程中鼓励学生发挥创意，如在手帕上绣图案或字母，为小布袋设计独特装饰，为布娃娃制作时尚服装并搭配配饰。通过实践活动，学生提高了手眼协调能力和耐心细致态度，培养了审美能力和自理能力，为未来发展增添了特别技能和经历。

5. 水墨实验室校队：水墨交融，古韵新姿

水墨实验室校队每周二、四16：25—18：00 开展训练，目前有队员6人。课程先带领学生了解中国画的历史，从古代岩画到明清国画发展脉络，感受其悠久历史和深厚文化底蕴。绘画技巧方面，重点讲解笔墨神韵，笔法要求平、圆、留、重、变，学生通过练习中锋、侧锋、逆锋等用笔方法，体会用笔画出线条变化，表现物体形态与质感。墨法要求墨分五色，学生学习调配水与墨调出不同层次墨色，运用积墨、破墨、泼墨等技法营造丰富画面效果。如画山水画时，用浓墨勾勒山石轮廓，用淡墨渲染层次，用焦墨表现远处树木等。通过实践，学生感受到国画韵味和水墨变化魅力，培养了热爱传统文化的意识，激发了学习兴趣，延续和创新了传统文化的精神。

6. 扎染特色课程：布里生花，传统新韵

在“探索眼中的世界”项目式活动中，“巧手扎锦绣，靛蓝染春秋”课程让学生体验扎染工艺。课程开始，老师介绍扎染历史，其起源于古代民间，在不同朝代发展各异，在少数民族文化中也占据重要地位，同时讲解扎染图案寓意，接着讲解原理和技术，通过纱、线、绳等工具对织物进行扎、缝等组合后染色，形成独特图案，并示范捆绑法、折叠法、螺旋法等基础技法。动手实践环节，老师为学生准备白色棉质方巾、染料及安全装备，学生自由构思图案，用铅笔勾勒后捆扎，分批放入染料浸泡，浸泡后冲洗晾干，可熨烫固定颜色。成品展示环节，学生分享创作灵感和感受，教室设置展览区展示作品。最后，老师引导学生思考扎染在现代社会的应用，如服装设计、环保染色等，提升学生环保意识，教导如何正确处理废弃染料和垃圾。

结语：项目式背景下的多彩艺术课堂通过丰富的实践、多元融合、个性发展与协作成长，为学生提供了广阔的艺术发展空间，让艺术教育焕发出新的活力与魅力。

第九章　项目评价：基于项目式学习的学校评价

第一节　基于项目式学习的学生成长评价

项目式学习作为一种创新的教学模式，被广泛应用于各个年级和学科领域。这种教学模式以学生为中心，通过设计具有挑战性、真实性的项目任务，引导学生在解决问题的过程中主动探索、合作交流、实践创新，从而全面提升学生的核心素养。为了全面、客观、准确地评价学生在项目式学习过程中的表现、收获和成长，本节将从评价内容、评价特点、评价实施、评价结果及反思四个方面进行阐述。

一、评价内容

基于项目式学习的学生成长评价，其核心在于评价学生在整个项目生命周期中的表现，包括但不限于项目策划、实施、展示与反思等各个阶段。具体评价内容涵盖以下几个方面。

（一）知识与技能掌握

学科知识点：评价学生在项目实施过程中，是否有效掌握了与项目相关的学科知识，如语文、数学、外语、科学等。

技能应用：考查学生是否能够将所学技能应用于项目实践中，如信息收集与处理、问题解决、团队协作、沟通表达等。

（二）问题解决能力

问题识别：评价学生是否能够准确识别项目中的关键问题，提出有价值的研究问题。

策略制定：考查学生在面对问题时，是否能够制订有效的解决方案，采取合理的行动步骤。

问题解决过程：关注学生在问题解决过程中的思考方式、推理能力和决策能力。

（三）合作与沟通能力

团队合作：评价学生在团队中的角色定位、协作态度、贡献度以及团队整体的表现。

沟通表达：考查学生是否能够清晰、准确地表达自己的观点和想法，有效倾听他人的意见，促进团队内部的交流与理解。

（四）创新思维与实践能力

创新思维：评价学生在项目策划和实施过程中，是否能够提出新颖的观点、方法和解决方案。

实践能力：考查学生是否能够将创新想法转化为实际行动，通过实践验证其可行性和有效性。

（五）情感态度与价值观

学习态度：评价学生对项目式学习的态度是否积极、主动，是否愿意投入时间和精力去深入探索和实践。

责任感与担当：考查学生在项目中是否表现出强烈的责任感，是否能够承担起自己的任务，为团队的共同目标而努力。

价值观形成：关注学生在项目实施过程中，是否形成了正确的价值观，如尊重他人、诚实守信、勇于创新等。

二、评价特点

基于项目式学习的学生成长评价，具有以下几个显著特点。

（一）多元性

评价主体多元：评价不限于教师，还包括学生自评、互评以及家长、社区等外部评价主体的参与。

评价内容多元：评价内容涵盖知识与技能、问题解决能力、合作与沟通能力、创新思维与实践能力以及情感态度与价值观等多个方面。

评价方法多元：采用观察记录、作品展示、口头报告、同伴评价、自我评价等多种评价方法，全面反映学生的成长情况。

（二）过程性

关注过程而非结果：评价不仅关注项目的最终成果，更重视学生在项目实施过程中的表现、努力和成长。

持续反馈与调整：通过持续的过程性评价，及时给予学生反馈，帮助学生发现问题、调整策略、优化表现。

（三）情境性

真实情境评价：项目式学习往往基于真实的社会情境或问题，评价也应在真实或模拟的情境中进行，以更准确地反映学生的实际应用能力。

情境适应性：评价应考虑学生在不同情境下的表现差异，关注学生的情境适应能力和迁移能力。

（四）发展性

促进学生发展：评价的目的在于促进学生的全面发展，帮助学生发现自己的优势与不足，明确努力方向。

动态调整评价标准：随着学生成长和项目式学习实践的深入，评价标准也应适时调整，以更好地适应学生的发展需要。

三、评价实施

基于项目式学习的学生成长评价实施过程包括以下几个步骤。

（一）明确评价目标与标准

在项目启动之初，教师应与学生共同明确项目的评价目标与标准，确保学生对评价有清晰的认识和理解。

评价目标与标准应具体、可衡量、可达成，具有相关性和时限性（SMART原则），以便学生和教师能够共同监测和评价项目的进展。

（二）制订评价计划

根据评价目标与标准，制订详细的评价计划，包括评价内容、评价方法、评价时间、评价主体等。

评价计划应具有可操作性和灵活性，以便根据项目实际情况进行调整和优化。

（三）实施过程性评价

在项目实施过程中，教师应密切关注学生的表现，及时记录学生的闪光点与待改进之处。

通过观察记录、作品展示、口头报告等多种方式，收集学生的表现数据，为最终评价提供依据。

（四）组织展示与评价反馈

项目结束后，组织学生进行项目成果展示，通过PPT、视频、实物、教育戏剧等多种形式展示项目的实施过程和最终成果。

组织学生进行自评、互评和教师评价，全面反映学生在项目中的表现与成长。

根据评价结果，给予学生具体的反馈和建议，帮助学生明确努力方向和改进措施。

（五）总结与反思

项目结束后，教师应组织学生进行项目总结与反思，回顾项目实施过程中的经验教训和收获成长。

通过总结与反思，提炼项目式学习的有效策略和方法，为今后的项目实施提供参考和借鉴。

四、评价结果及反思

基于项目式学习的学生成长评价结果不仅反映了学生在项目中的表现与成长，也为教师的教学改进和学校的课程优化提供了重要依据。

（一）学生成长分析

通过评价结果，可以清晰地看到学生在知识与技能、问题解决能力、合作与沟通能力、创新思维与实践能力以及情感态度与价值观等方面的成长与进步。

针对每个学生的具体情况，教师可以给予个性化的指导和建议，帮助学生更好地发挥自己的优势，弥补不足。

（二）教师教学反思

评价结果也为教师的教学反思提供了重要依据。教师可以根据学生在项目中的表现与反馈，分析自己的教学策略和方法是否得当。

针对教学中存在的问题和不足，教师可以及时调整教学策略和方法，提高教学质量和效果。

（三）课程优化建议

基于项目式学习的学生成长评价结果还可以为学校的课程优化提供建议。学校可以根据学生在不同项目中的表现与反馈，分析课程设置的合理性和有效性。

针对课程中存在的问题和不足，学校可以及时调整课程设置和教学内容，以适应学生发展的需要和时代的要求。

基于项目式学习的学生成长评价是一种全面、客观、准确的评价方法，能够真实反映学生在项目式学习过程中的表现、收获和成长。实施这种评价，不仅可以促进学生的全面发展，还可以提高教师的教学水平和学校的课程质量。

第二节　追求幸福完整的小学生成长手册

在温暖而充满活力的校园里，我们秉承东莞外国语集团学校“博雅立人”的办学理念，致力于“引领师生过一种幸福完整的教育生活”。这一愿景不仅体现了我们对教育的深刻理解，更展现了我们对每一个孩子成长成才的殷切期望。我们相信，每个孩子都是独一无二的，他们各自拥有独特的才能和潜力，等待着被发掘和培育。因此，我们坚持“每个孩子都不一样，每个孩子都很棒”的教育理念，通过全纳教育课程体系，为孩子们提供一个宽广、包容、充满机会的成长环境。

我们的教育愿景不仅仅是传授知识，更重要的是培养孩子们的核心素养，引导他们学会与世界和谐相处，成为具有社会责任感、创新精神和实践能力的时代新人。在这个过程中，我们倡导“为理解而教”的教风，鼓励教师用更加灵活多样的教学方法，激发孩子们的学习兴趣和主动性；同时，我们也倡导“成为学习的主人”的学风，鼓励孩子自主探索、合作学习，不断挑战自我，实现自我超越。

基于以上的理解，我们对于学生的期末评价也是全方位的、深度的评价。

一、基于全纳课程的建构与评价

学校以国家课程为基础，丰富校本课程，打造特色课程，构建了面向全体学生的、以特色见长的全纳课程体系。这一课程体系旨在为学生们的成长构建宽广的智力背景，提供丰富的学习体验，培养灵动的思维特质。

在全纳课程体系中，我们注重语文、数学、外语等基础学科的建设，通过优化课程设置、改进教学方法等手段，提升学生们的基础学科素养。同时，我们也非常重视科创、体育健康等引领学科的发展，通过开设丰富多彩的选修课程、兴趣小组和社团活动，满足学生们多样化的学习需求。此外，我们还积极推行年级项目式活动、具身学习、教育戏剧等新型学习方式，引导学生们在实践中学习、在体验中成长。

学生的成长就建立在这些新型学习方式和评价过程中，这不仅有助于提升学生的学习效果，还能培养他们的团队协作能力、创新能力和解决问题的能力。

二、项目式学习课程建构与评价

项目式学习是全纳课程体系中的重要组成部分。我们根据不同年级学生的核心素养和发展需求，设计了丰富多样的项目主题和活动案例。例如，一年级的学生通过“认识自我”的项目主题，了解自己的兴趣爱好、特长优点和不足之处；二年级的学生通过“做最好的自己”的项目主题，学会自我反思和自我管理；三年级的学生则开始挑战自我，通过“变化的我们”等项目主题，探索自己的成长变化和社会角色的转变。

在项目式学习的过程中，学生们需要组建团队、制订计划、分工合作、搜集资料、解决问题并最终完成作品。这个过程不仅锻炼了学生们的团队协作能力、沟通能力和解决问题的能力，还培养了他们的创新意识和实践能力。

项目式学习中期汇报和结课仪式是我们开展项目式课程实践评价的一个基本方式。项目式学习实践开展中期汇报，跟进、评价学生的学习过程，推动后续整改；而项目式学习结课仪式，主要以教育戏剧、演讲答辩、才艺展示、各式沙龙、成果发布会等具身学习的形式开展，让学生全身心参与自我评价、集体评价。

三、学校“节文化”课程构建与评价

学校以“传承、发扬传统文化的精髓，展现多元融合、创新、开放的国际视野”为宗旨，精心策划和组织了体育节、艺术节、文化节和科技劳动节四大“节”文化活动。这些活动不仅丰富了学生的校园文化生活，还为他们提供了展示自我、挑战自我的舞台。

在体育节上，开展主题式体育运动会；在艺术节上，学生展示自己的才艺和创造力，参加校园“达人秀”、书法绘画比赛和校园文艺晚会等活动；在文化节上，学生们可以品尝美食、阅读书籍、欣赏戏剧和英语节目等；在科技劳动节上，学生们则可以展示自己的科技作品和劳动成果，参加小学创客大赛和劳动技能大赛等活动。

这些“节文化”课程不仅有助于培养学生们的兴趣爱好和特长优点，还能提升他们的文化素养和综合素质。同时，这些活动也为学生们提供了锻炼能力、展示才华和增强自信心的机会。活动中的被认可或获奖成为最好的评价方式之一。

四、“感恩”德育课程的构建与评价

感恩是一种美好的情感，更是一种积极的行动。在德育课程中，我们非常注重培养学生的感恩意识。通过“寸草春晖，感恩行动”这一主题教育活动，我们引导学生们学会感恩父母、感恩老师、感恩同学和感恩社会。

为了实施好这一德育课程，我们制定了详细的评价标准和评价流程，从“懂礼貌，常问好”、“家务事，多参与”、“求上进，勤学习”、“遇难事，善沟通，能宽容”以及“其他感恩行动”五个方面进行评价。每周，家长会根据学生的表现进行评分和等级评定；同时，学生也需要每天自主填写感恩行动记录表，记录自己的感恩行动和感受。

通过这一德育课程的实施，学生们逐渐学会了珍惜他人的付出和关爱，也学会了用自己的行动去回报他人和社会。他们更加懂得感恩，更加懂得珍惜和善待自己和他人。

五、学生日常习惯素养的构建与评价

习惯决定命运，素养成就未来。在习惯素养评价方面，我们注重培养学生的良好行为习惯和学习习惯。通过制定详细的评价项目和评价标准，我们对学生的日常行为和课堂表现进行全面评价。

在八项日常规范中，我们要求学生做到待人有礼、课间安全、集队有序、两操有效、午餐文明、午休自觉、卫生整洁和爱护公物等。这些规范不仅有助于培养学生的良好行为习惯，还能提升他们的自我管理能力。

在六项课堂常规中，我们要求学生做到课前有备、坐姿端正、举手回答、专心听讲、善于思考和积极参与等。这些常规不仅有助于提升学生的学习效果，还能培养他们的学习能力和学习品质。

通过习惯素养评价的实施，学生们逐渐养成了良好的行为习惯和学习习惯，为他们的未来发展奠定了坚实的基础。

六、学生学习素养评价的构建与评价

学习素养是学生综合素质的重要组成部分。在学习素养评价方面，我们注重培养学生的学科素养和学习能力。通过制定详细的评价项目和评价标准，我们对学生的学科表现和学习成果进行全面评价。

在学科素养评价中，我们针对不同学科设置了不同的评价项目和评价标准。例如，在语文学科中，我们注重评价学生的语文基础、阅读能力和写作能力等方面；在数学学科中，我们注重评价学生的数学基础、计算能力和应用能力等方面；在英语学科中，我们注重评价学生的英语基础、听说能力和读写能力等方面。

除了学科素养评价外，我们还注重评价学生的学习能力和学习品质。通过观察学生的学习态度、学习方法和学习效果等方面，我们了解学生的学习能力和学习品质的发展情况，并为他们提供有针对性的指导和帮助。

通过学习素养评价的实施，学生们逐渐提升了自己的学科素养和学习能力，为他们的未来发展提供了有力的支持。

七、学生学力评价图谱构建与评价

为了更好地了解学生的学习能力和发展情况，我们采用了学力评价图谱（雷达图）的方式进行评价。雷达图可以直观地展示学生在不同学科和领域的表现情况，帮助我们更好地了解学生的学习特点和优势不足。

在语文学力评价图谱中，我们设置了基础能力、语言积累能力、阅读能力、思维能力、探究能力和表达能力六个评价项目。通过雷达图，我们可以清晰地看到学生在这些方面的表现情况和进步轨迹。

在数学学力评价图谱中，我们设置了基础知识与技能、抽象与逻辑推理、空间与几何直观、应用与创新能力、数学表达与交流以及学习习惯与态度六个评价项目。同样地，通过雷达图我们可以直观地了解学生在这些方面的表现情况和进步轨迹。

在英语学力评价图谱中，我们设置了学习策略、听说能力、读写能力、跨文化交际能力、学习动力以及情感与价值观六个评价项目。通过雷达图我们可以全面地了解学生在英语学习方面的表现情况和进步轨迹。

通过学力评价图谱（雷达图）的实施，我们可以更加准确地了解学生的学习能力和发展情况，为他们提供更加个性化的指导和帮助。同时，这也为我们制定更加科学、合理的教育教学策略提供了有力的支持。

以上，是对“追求幸福完整的小学生成长手册”的详细梳理和阐述。通过这份手册，我们希望能够全面反映学生的成长历程和进步情况，为他们的未来发展提供有力的支持和保障。同时，我们也希望这份手册能够成为家校沟通的重要桥梁，促进家校共育工作的深入开展。

附 录

教师发表项目式实践论文（或案例）汇总

方向	序号	文章名称	作者	发表刊物及刊号	发表年份
学校治理项目式实践	1	用“项目”撬动管理，星辰大海共奔赴——以项目式活动引领年级师生成长	宋玉莲 王金发	当代教育家 CN37–1488/G4	2023
	2	七种分布式治理，点亮学生学习	王金发 殷晶丽	当代教育家 CN37–1488/G4	2024
	3	巧用项目课程，拓宽德育新途径	宋玉莲	中小学班主任 CN31–2141/G4	2023
年级项目式治理实践	4	我们不一样，我们都很棒	陈敏瞻 刘燕悦	当代教育家 CN37–1488/G4	2023
	5	项目三段式赋能，做最好的自己	刘燕悦	当代教育家 CN37–1488/G4	2024
学科融合式项目式实践	6	迅哥儿，交个朋友吧！	张君	当代教育家 CN37–1488/G4	2021
	7	西游人的修心之旅：经典与心理的对话	苏榕	当代教育家 CN37–1488/G4	2024
线上课程项目式实践	8	岭南无所有，聊赠一枝春——基于项目式学习的低年段在线抗疫课程实践	王成莲 王金发	当代教育家 CN37–1488/G4	2020
项目式学习引领课堂教学	9	变变变，变出七彩童年	吴兴妍	当代教育家 CN37–1488/G4	2020
	10	2020，用色彩编织一件最美丽的事	危菲菲 王成莲	当代教育家 CN37–1488/G4	2020
	11	《一百条裙子》给孩子带来了什么	王成莲 张君	当代教育家 CN37–1488/G4	2021
	12	问题驱动下的项目式阅读策略初探	张君	广东教学报 CN44–0702/F	2022

参考文献

[1] 王金发，陈彩虹，王成莲. 课堂教学的“莞外”表达［M］. 长春：吉林人民出版社，2022.

[2] 中华人民共和国教育部. 义务教育语文课程标准（2022年版）［S］. 北京：北京师范大学出版社，2022.

[3] 夏雪梅. 项目化学习设计：学习素养视角下的国际与本土实践：2版［M］. 北京：教育科学出版社，2021.

[4] 向冬梅，孙冲武. 将思维导图应用于生成学习的探讨.［J］. 网络科技时代，2007（8）：91.

[5] 彭华生. 语文教学思维论［M］. 南宁：广西教育出版社，1998.

[6] 阿尔玛·哈里斯. 分布式领导：不同的视角［M］. 冯大鸣，译. 上海：上海教育出版社，2012.

[7] 王志茹，陆小丽. 英语畅谈中国文化［M］. 北京：外语教学与研究出版社，2017.

[8] 许卫兵. 小学数学整体建构教学［M］. 上海：上海教育出版社，2021.

[9] 教育部关于印发《完善中华优秀传统文化教育指导纲要》的通知（教社科〔2014〕3号)［S］. 2014-03.